Biblioteca
DERECHO GLOBAL

Luigi Garofalo
(Director)

Carlos Antonio Agurto Gonzáles
Sonia Lidia Quequejana Mamani
Benigno Choque Cuenca
(Coordinadores Generales)

Carlos Antonio Agurto Gonzáles
Profesor de Derecho Comparado y Sistemas Jurídicos del Mundo
de la Universidad Nacional Mayor de San Marcos
Miembro del Centro de Estudios sobre América Latina
de la Alma Mater Studiorum - Universidad de Bolonia
Miembro del Comité Científico del Centro de Investigación en Derecho
Privado Europeo de la Universidad Suor Orsola de Benincasa de Nápoles
(Italia)

El daño a la persona en la experiencia jurídica italiana

Ediciones Olejnik

Título: El daño a la persona en la experiencia jurídica italiana

© Carlos Antonio Agurto Gonzáles

Edición al cuidado de
Benigno Choque Cuenca
Francisco Manuel Salas Contreras

© Ediciones Olejnik
Huérfanos 611, Santiago - Chile
E-mail: contacto@edicionesolejnik.com
Web site: http://www.edicionesolejnik.com

Primera edición en Ediciones Olejnik: 2020

ISBN: 978-956-392-787-0

Diseño de Carátula: Ena Zuñiga
Diagramación: Luis A. Sierra Cárdenas

Impreso en Argentina 2020 Printed in Argentina

ÍNDICE

Al Maestro Carlos Fernández Sessarego,
padre, amigo y mentor,
por todas sus enseñanzas de vida.
La columna del derecho italiano en América Latina.

PRESENTACIÓN

El libro de Carlos Antonio Agurto Gonzáles analiza el modelo italiano de daño a la persona como mejor no se podría.

Su reconstrucción es analítica y precisa, el uso de la historia es cuidado y profundo, las conclusiones a las que arriba son sólidas y válidas. Proceden sus premisas desde Melchiorre Gioia, cuya obra de 1821 permanece como piedra miliar de los estudios de economía política aplicada al Derecho. Esta elección conduce a Carlos Antonio Agurto Gonzáles a ofrecernos el más amplio cuadro de la genealogía de un modelo, el nuestro, que nosotros mismos conocemos, en el fondo, imperfectamente. Es de esta manera que se destaca de manera brillante la revolución aportada al estudio de daño a la persona por Cesare Gerin en 1953. Médico legista, fue él, en verdad, que cambio la materia al introducir el concepto de validez de la persona en sí misma considerada. En este modo, las fórmulas de cálculo que Melchiorre Gioia había planteado, se convirtieron en un genuino instrumento operativo para la valoración de los daños como consecuencia de una lesión personal. La medicina legal italiana le debe mucho. Mas bien, fueron los juristas que acogieron con retardo sus planteamientos. La voz de Guido Gentile publicada en la *Enciclopedia del Diritto* de 1962 fue la primera en indicar las nuevas soluciones, pero permaneció por casi una década sin ser escuchada.

El nacimiento del daño biológico, en esa fragua de elaboraciones teóricas, se produjo en los años setenta en Italia, así lo traza Carlos Antonio Agurto Gonzáles con una lúcida distinción entre las diversas contribuciones doctrinales que confluyeron posteriormente en las elecciones jurisprudenciales en los años ochenta.

Primero se debe considerar la formulación del concepto del daño biológico, típico de la escuela genovesa. Inspirada en parte por Stefano Rodotà, la escuela genovesa produjo los primeros intentos de dar forma a un modelo renovado de resarcimiento del daño a la persona basado precisamente en el concepto médico-legista del daño biológico. La idea principal era que este tipo de daño debe ser resarcido por igual a todos los sujetos sin ninguna referencia a su actividad laboral, ya que la salud es la misma para todos. No obstante, como no estaba claro cómo calcular la incalculabilidad pecuniaria de la salud, los jueces que primero se refirieron a este planteamiento adoptaron un criterio que no tuvo éxito. Su solución tenía como objetivo identificar el valor no patrimonial de la persona en función del gasto social que enfrenta el Estado. Si el Estado es el producto del proceso democrático, sus elecciones con respecto a la asignación de recursos económicos hacia fines sociales podían señalar un parámetro de referencia legítimo para la evaluación pecuniaria de los beneficios no monetarios vinculados a la salud del individuo. Fue un experimento ingenioso, pero infructuoso. Su rigidez y abstraccionismo no se arraigaron y dejaron perplejos a muchos intérpretes. Las sentencias de primera instancia que resarcieron el daño biológico fueron seguidas por decisiones de apelación que lo negaron y la Corte de Casación no consideró necesario admitir esta nueva figura de daño junto con las más tradicionales.

Fue solo con el advenimiento de la escuela pisana y los planteamientos de Francesco Donato Busnelli que, a fines de la década de los años setenta, comenzó un nuevo capítulo destinado a una mayor fortuna. Como Carlos Antonio Agurto Gonzáles reconstruye la idea de Busnelli, que era considerar el «daño a la salud» en lugar del daño biológico. En efecto, el primero es un concepto jurídico que se puede encontrar en el artículo 32 de la Constitución italiana, mientras que el segundo es un concepto médico-legal insuperable de elaboración independiente por parte del jurista. Esto, por supuesto, se vinculaba con la idea de Busnelli sobre la centralidad de la persona en el panorama jurídico constitucional italiano que lo relegaba a las relaciones económicas, de propiedad y de mercado a un segundo plano.

Entonces, esencial en esta reconstrucción se presentó el concepto de equidad y reparación equitativa de los daños a la persona. Criterio que permitió graduar el resarcimiento caso por caso sin automatismos y sin los abstraccionismos propios del método genovés. Este mismo enfoque, sin embargo, carecía de concreción cuando se trataba de delinear los criterios de cálculos precisos con los cuales fundamentar en las sentencias la motivación sobre el *quantum* del resarcimiento.

A esto trató de contribuir para aclarar este panorama la escuela de Turín y, con gran amabilidad, Carlos Antonio Agurto Gonzáles se refiere a mi trabajo de 1984 dedicado precisamente al *quantum* en el daño a la persona.

Mi contribución fue modesta y empírica, pero quizás necesaria. Siguiendo a Busnelli, desarrollé un banco de datos sobre el daño a la persona, proporcioné los promedios estadísticos de las reparaciones que podían servir de referencia a los jueces para su graduación equitativa adecuada al caso.

De esta forma pude proporcionar las primeras «tablas» sobre el resarcimiento del daño. El ejemplo agradó a los jueces y a los tribunales de Roma y Milán, que comenzaron a publicar tablas sobre el resarcimiento del daño biológico, a los que cada vez se les daba más peso y autoridad. De la misma manera, la Corte de Casación primero y la Corte Constitucional después, avalaron una interpretación de los artículos 2043 del código civil y 32 de Constitución italiana, que permitieron el triunfo el daño biológico.

Lo que sucedió en esos años fue, de hecho, algo singular. Por un lado, tuvo éxitos el enfoque de Busnelli sobre el criterio equitativo, pero por otro lado, prevaleció y dominó la noción de daño biológico derivado de la medicina legal, que de hecho el planteamiento de Busnelli criticaba. Más bien, esta noción se hizo tan frecuente que se convirtió en una barrera para una mayor expansión de los resarcimientos.

En efecto, el daño biológico fue interpretado cada vez más por los médicos legistas con referencia a la validez física del individuo sin querer considerar los aspectos existenciales de la persona, por lo que corrían el riesgo de volverse marginales a pesar del planteamiento inicial de la escuela pisana. En cuanto a la equidad, terminó reduciéndose a una aplicación casi servil de las tablas milanesas o romanas, en lugar de una personalización real del daño.

Es en este punto, como reconstruye con perfecto conocimiento del panorama Carlos Antonio Agurto Gonzáles, que la polémica se volvió candente. ¿El daño biológico constituye el único elemento de daño no patrimonial a la persona? ¿Es el daño biológico la categoría principal a la que se debe hacer referencia? En caso de lesiones a la persona, ¿el daño moral debe ser solo una fracción del daño biológico?

Sobre estos temas se volvió extremadamente significativa la voz de la escuela triestina y de Paolo Cendon en particular. Según Patrizia Ziviz, su discípula, la categoría esencial de referencia no puede ser la del código civil, debido a que el artículo 2059 del c.c. utiliza solo una expresión negativa: «no-patrimonial», presentando la patrimonialidad como un *prius* respecto a los valores de la persona, terminando, por ende, a contradecir el orden constitucional. En lugar de lo patrimonial es necesario contraponer la esfera existencial de la persona. El daño existencial se convirtió así en la categoría general de referencia y el daño biológico representó solo un subaspecto.

La escuela pisana reaccionó negativamente a este planteamiento. Considerando la creación del daño biológico como propia, intentó aislar el daño existencial, proponiendo la declaración de inconstitucionalidad del artículo 2059 del c.c. con el fin de permitir siempre el resarcimiento de los daños no-patrimoniales, cuya voz principal, cuando sino la única, estaría constituida, no obstante, por el daño biológico.

De estos desencuentros reconstructivos surgieron numerosas y variadas sentencias. La Corte Constitucional, al rechazar la inconstitucional del artículo 2059 del c.c. hizo referencia expresamente a los daños existenciales como voz de daño no-patrimonial. La Corte de Casación se negó a considerar el daño existencial como categoría separada, pero dejó la puerta abierta al resarcimiento no solo del daño biológico y del daño moral, sino también a los otros tipos de daños no patrimoniales como tales, todos incluidos en la amplia redacción del artículo 2059 del c.c.

La práctica de los tribunales a la actualidad se ha orientado hacia un tipo de compromiso que se puede resumir en la siguiente forma. En la gran mayoría de los casos de lesiones a la persona, las tablas milanesas o romanas se aplican de manera equitativa y el daño moral se resarce como porcentaje del daño biológico, pero queda espacio para la *personalización* del resarcimiento en relación con el caso. Además, los daños existenciales -ya se les denomine o no con esta nomenclatura- subsisten todavía como resarcibles cuando se proporciona prueba de éstos tanto en casos de lesiones a la persona como en casos de daños a la personalidad, y siempre que se deriven de la violación de un derecho constitucionalmente garantizado. Un planteamiento que, en el fondo, sigue la propuesta que me había aventurado señalar en mi Tratado sobre la *Responsabilità civile* de 1998.

No obstante, por ello tiene razón Carlos Antonio Agurto Gonzáles en sus conclusiones. El modelo italiano del daño a la persona es el producto de una nueva concepción del ser humano que origina una nueva visión de la juridicidad. Rica en ideas, observaciones y referencias sabias, su obra es, por lo tanto, una reinterpretación brillante del modelo italiano que enseña a los italianos una síntesis fructífera de su trabajo interpretativo.

Aún no hemos estudiado a fondo esta *'nueva visión de la juridicidad'* y es seguro que al hacerlo tendremos que tener en cuenta las reflexiones de Carlos Antonio Agurto Gonzáles.

PIER GIUSEPPE MONATERI
Profesor Ordinario de la Universidad de Turín
(Italia)

PREFACIO

Son varios años que el Prof. Carlos Antonio Agurto Gonzáles - discípulo del gran civilista peruano Carlos Fernández Sessarego- sigue con pasión e inteligencia la evolución del derecho civil italiano; principalmente en el terreno de la responsabilidad extracontractual, con particular atención a los temas del daño a la persona.

El presente libro («*El daño a la persona en la experiencia jurídica italiana*») corona, en el mejor modo, sus labores como investigador y estudioso.

Se trata de una obra muy precisa y cuidada sobre los desarrollos producidos en Italia en el último medio siglo, a nivel de la jurisprudencia y la doctrina, sobre las materias inherentes al artículo 2059 del c.c. italiano.

Una obra preciosa -merece resaltarse- no solamente para los lectores en idioma español, sino para todo jurista interesado en estas temáticas.

Confiamos pronto una traducción italiana de la obra.

* * *

Entre las diversas claves ilustrativas, Agurto Gonzáles estudia los enfoques propios de las «escuelas» que han cultivado más intensamente, en la península italiana, desde los años setenta en adelante, las problemáticas de los daños: es decir, la escuela genovesa, la pisana, la de Turín, la de Bolonia y de Trieste.

A menudo, diferentes enfoques y métodos -se puede observar- uno con respecto al otro; lo cual no es sorprendente si se tienen en cuenta las características algo indeterminadas, y al mismo tiempo demasiado restrictivas, ahora muy anacrónicas, de la norma básica de referencia en el código civil italiano (que se remonta a 1942), a saber, el artículo 2059: «*el daño no patrimonial debe ser resarcido solo en los casos determinados por la ley*».

Una elección «académica-doctrinaria» de este tipo -por parte de Agurto Gonzáles- parece sin duda enriquecedora: vivaz, fresca expositivamente, coherente con los términos en que el debate se ha desarrollado en el curso de las décadas, en libros, congresos y revistas.

Bastaría pensar, entre los muchos pasajes históricos, con la apasionada y vigorosa confrontación que se ha desarrollado casi interrumpidamente, desde los años noventa en adelante, entre la escuela pisana y la triestina-turinesa, es decir entre partidarios (los segundos) y los detractores (los primeros) de la categoría del daño existencial.

* * *

En cuanto a los episodios que han desenvuelto en Italia las diversas figuras en el tiempo, ha sido el momento para revisarlos con la lupa propuesta por Carlos Antonio Agurto Gonzáles, lleno de momentos extremadamente complejos; ricos de facetas, lleno de contrastes, tanto teóricos como prácticos.

El daño biológico, es decir la idea de márgenes de resarcibilidad atribuidos también a los aspectos no económicos de la salud, había abierto grietas en la trama del derecho tradicional, a mediados de los años setenta, pero entonces -he aquí las interrogantes- este nuevo paradigma lesivo, ¿era susceptible de aseguración?, ¿cómo era posible resarcirlo?, ¿de acuerdo con qué reglas?, ¿era una realidad manejable con tablas?

El daño psíquico, esa es la idea de tutelar *ex lege Aquilia* también a la víctima de una lesión no estrictamente física, tenía la importancia de colmar un gran vacío en el mundo de la responsabilidad, pero en qué casos, desde el punto de vista de la causalidad jurídica, la relación entre la acción lesiva y las consecuencias en la esfera de la vida de víctima: aquí está la cuestión (justificada por la complejidad de los mecanismos biológicos, familiares, sociales, religiosos, ambientales, escolares, portadores de una posible incomodidad mental), ¿podría considerarse suficiente para justificar una condena del *defendant*?

La sentencia de la Corte Constitucional número 184 de 1986 hizo una distinción importante entre el componente «relacional» y del «sufrimiento» del daño biológico, cambiando la impronta de la primera bajo la égida del artículo 2043 del c.c. (para evitar una limitación del control a las únicas hipótesis penalmente relevantes; lo que habría frustrado el sentido práctico de la innovación). ¿Podría tal división, sin embargo -aquí la pregunta- considerarse que correspondía a la realidad antropológica de la persona humana? Y, sobre todo, ¿era una lectura a partir del «evento» del aspecto relacional compatible con el ordenamiento jurídico italiano y con la esencia misma (consecuencial) del instituto aquiliano?

Las sentencias gemelas números 8827 y 8828 de la Corte de Casación de 2003 tuvieron la ventaja de poner fin a las confrontaciones entre las posiciones mencionadas anteriormente, reconduciendo todo al daño no patrimonial bajo la égida del artículo 2059 del c.c., reinterpretado desde una perspectiva constitucional.

No obstante, para los efectos aplicativos -he aquí las interrogantes- ¿podría un planteamiento así amplio y publicista considerarse adecuado? ¿No corría el riesgo de parecer demasiado vago, genérico, en el tiempo? ¿Se habría logrado en concreto, en el plano de la práctica de los tribunales, ingresar adecuadamente, por un lado, todas las nuevas hipótesis dignas de protección, y, por otro lado, evitar toda atención técnica respecto a los denominados daños de bagatela?

Las sentencias de San Martino de 2008 introdujeron toda una serie de planteamientos interpretativos, útiles para bloquear el camino a los daños más efímeros e imaginarios; ¿pero el precio de un ostracismo decretado en bloque, incluso para las figuras generales del daño moral y del daño existencial -sobre todo con el recurso a un lenguaje inusual, perentorio- podría considerarse algo aceptable en el siglo XXI?

* * *

Hoy -debemos señalar- las cosas han cambiado mucho, la sabiduría y la perspicacia de la Corte de Casación han podido en diez años proteger gradualmente los excesos y las simplificaciones del 2008, creando nuevos equilibrios en la práctica.

Actualmente es pacífico (a excepción de algunos irreductibles) que el «interior» y el «exterior» de una persona son momentos fenomenológicamente diferentes entre ellos; que para el ordenamiento no existe solamente la salud como bien por proteger en el plano resarcitorio; que las tablas del *quantum* pueden ser algo óptimo, en sí mismo, y que el poder equitativo del juez también debe seguir siendo importante.

Sobre todo, se ha asumido que, en el sistema italiano, cuentan con dignidad de categorías generales - incluso como voces de un solo recuento final (cada una, tal vez, de acuerdo algunos intérpretes, con su identidad de cálculo, y una propia soberanía aritmética)- tanto el daño biológico, como el daño moral y el daño existencial.

* * *

No obstante, las oscilaciones continúan, los momentos de incertidumbre; a veces los jueces y teóricos italianos demuestran apresuramiento excesivo, revelan sordera injustificada con respecto a las necesidades que surgen de la tutela de la persona.

Por lo tanto, alguna aclaración parece apropiada.

Daño biológico y daño existencial: una afectación por negligencia médica puede implicar -aquí el punto- la agresión contemporánea a diversos derechos de la víctima: por ejemplo, la integridad física (en la mañana), la *privacy* y el decoro (en la tarde); en este caso, problemas de duplicación incorrecta, en la reparación: simplemente existe un listado de voces, todas negativas, diversas entre sí, cada una que se considera neutralizada, en el resarcimiento.

En el sector del daño existencial como del daño moral por incumplimiento contractual, la necesidad de que el bien afectado cuente con un «rango constitucional» está destinada, en principio, al fracaso. Como es bien conocido, es uno de los pasajes más desafortunados de las sentencias de San Martino. Sin embargo, a veces sucede que se le olvida. Entonces, la precisión que debe reiterarse es que, en el contexto contractual, «rige» también a los fines del daño no patrimonial el criterio de la autonomía privada; por ende (y utilizando siempre un buen sentido en el *quantum respondeautur*, con mayor severidad en caso de dolo y culpa grave) para la tutela -por ejemplo- de los viajeros maltratados en trenes, para los dueños de perritos fallecidos por la culpa del *dog-sitter*, para los usuarios telefónicos maltratados por las compañías, para las novias decepcionadas porque el fotógrafo olvidó cargar la cámara fotográfica.

* * *

Todavía hay una cenicienta, debe enfatizarse, en el universo del daño no patrimonial: una olla de barro que, apretada entre las ollas de hierro de daño biológico y daño existencial, nunca ha logrado ser tomada en serio, legislativa o jurisprudencialmente. No hay ningún artículo de libro o revista o nota de sentencia que no lo mencione, esto es la figura del «dolor», del «daño moral»; siempre, sin embargo, está el problema dando vueltas.

Sufrimiento, tormentos, disgustos, preocupaciones, aflicciones, ansiedades; es raro que vayamos más allá del uso de esas etiquetas verbales, que entremos en detalles.

¿Realidad de cuerpo o psique, dolor? ¿En qué espacio colocamos el daño moral? ¿Disposiciones internas, órdenes, concomitancias? ¿Influenciado por qué factores? ¿Medible cómo? ¿Demostrable de qué manera? ¿Una entidad diferente, respectivamente, en el campo del dolor familiar, desde la calumnia al acoso, la libertad perdida, las lesiones a la integridad corporal, el bullying?

Una «cosa» más pequeña (daño moral), sobre cuya esencia casi no se dice nada, dentro de un «asunto» más grande (daño no patrimonial), que insiste en definir lo negativo, como figura retórica, para quedarse en los bordes. Aquí el derecho italiano, con demasiada frecuencia lacónica, es distraído; mucho más allá todavía no va.

* * *

«Dinámico-relacional», ¿Es una expresión aceptable, funciona?

No siempre, observamos inmediatamente.

La casuística de lo «exterior», en las personas, es mucho más amplia y variada que los simples momentos de lo «dinámico», de lo «relacional». Y los ataques a las relaciones con uno mismo -debe enfatizarse- a menudo están destinados a producir, en un individuo, daños en exceso con respecto a la esfera «moral».

Difícil de hecho: (a) entre Valentiniano, que hasta el momento del accidente entre las siete y las ocho de la mañana corría, de nueve a doce tenía reuniones en su universidad, de doce a trece jugaba *ping pong*, y así hasta en la tarde (b) y Modestino que, en cambio, hasta el accidente siempre estuvo en silencio, aislado y, sin embargo, fructífero y exuberante en sus cosas meditativas e invisibles; difícil concluir -con respecto al *«perlage»* operativo que se ha presentado -, entre el uno y el otro sujeto, a nivel de la agenda cotidiana, que el primer sujeto será resarcido más respecto del segundo.

En resumen, no se debe alentar, en el sistema de la responsabilidad civil, un canon para quien corre y salte todo el día ganará el *jackpot*; y quien en cambio, yace absorto, aparte, tal vez inventivo y susurrante, siempre pierde en la confrontación. Los aspectos «estático-solitarios» de las víctimas pueden valer como los otros, en el plano existencial.

El mundo de los sujetos frágiles -en particular- pulula de seres que se agitan menos respecto al mundo de los superdotados; sin embargo, sus voces perdidas de vitalidad tenue, de impulso discreto, deben contar como de las otras personas.

PAOLO CENDON
Profesor Emérito de la Universidad de Trieste
(Italia)

PRÓLOGO

El volumen de Carlos Antonio Agurto Gonzáles retrata un cuadro claro y atento de la doctrina y de la jurisprudencia italiana que, a partir de los años 70 del siglo pasado, han conducido el centro del debate jurídico italiano y, por ende, de la atención del legislador sobre el tema del daño a la persona: una materia que - como puntualmente ha resaltado por el autor - había permanecido marginada tanto de la codificación de 1942 como en las primeras décadas de su aplicación jurisprudencial.

Por una parte, el Título IX del Libro IV del Código Civil menciona el daño a la persona solamente en el artículo 2057 y con el objetivo de señalar una modalidad de liquidación (la renta vitalicia) que no permite acoger alguna opción legislativa en orden a la cuantificación del daño y a los presupuestos de resarcibilidad; por otro lado, la jurisprudencia se había alejado, en los años cincuenta y sesenta del siglo XX, de una concepción simplemente patrimonial del daño a la persona, que conducía a afirmaciones incluso grotescas y culturalmente intolerantes, como, por ejemplo, las (muy famosas) del Tribunal de Florencia (que, con la sentencia del 5 de enero de 1967, había negado el resarcimiento del daño a la salud de una persona anciana, afirmando que *«pueden existir hombres sin ningún valor»* en cuanto *«totalmente inepto para cualquier ocupación rentable»*) y del Tribunal de Milán (que, a su vez, con la sentencia del 18 de enero de 1971, había calificado el daño resarcible por un impedimento físico sufrido por un niño en base a la capacidad laboral del padre, procediendo de la «presunción» que la víctima del accidente, si se hubiera desarrollado como adulto, presumiblemente había desarrollado la misma actividad laboral genérica que su padre).

Tampoco se puede negar que estas conclusiones jurisprudenciales no fueron más que la traducción fiel de enseñanzas doctrinales anteriores, como la de GIOLLA (*Valutazione del danno alla persona nella responsabilità civile*, Milán, 1957), según el cual *«en el caso de la persona humana...la base del derecho al resarcimiento no se es el organismo en sí, sino su eficacia, es decir el conjunto de las capacidades que, explícitamente, pueden producir efectos económicamente útiles, influyentes en el estado patrimonial del individuo»* y, por ende, « *el que no hace nada, porque nada puede hacer, y no puede reclamar ser compensado por un detrimento orgánico que empeora aún más las condiciones (excepto los costos de asistencia y cuidado), y si muere, nadie podrá decir que ha perdido una fuente de bienes económicos»* (pp. 276-277). También por los daños ocasionados al niño la doctrina proporcionaba las bases de las presunciones - que hoy provocan casi rechazo - con los que argumentaban los jueces milaneses (Bonvicini, *Il danno a persona*, Milán, 1958, 240: *«el parámetro de ganancia en el que se basa el cálculo de la tabla debe inferirse pronósticamente, ya que es un daño futuro, de modo que para el menor... se debe evaluar la ganancia anual probable»).*

En este contexto, fue mérito de la doctrina - y, en particular, del pensamiento de los Maestros de la Escuela pisana y de la genovesa, objeto de profundo análisis por parte de Agurto Gonzáles - presentar el problema de la autonomía del daño a la persona y de la necesidad de su total purificación de cualquier aspecto patrimonial indebido. El autor ofrece una panorámica completa de los ordenamientos doctrinales expresados en los cruciales años ochenta del siglo XX, dando demostración del profundo conocimiento de la literatura jurídica de aquellos años y del repentino recibimiento de las enseñanzas por parte, primero, de la jurisprudencia de mérito más sensible y, posteriormente, de la Corte de Casación y de la Corte Constitucional en el fundamental pronunciamiento n° 184 de 1986.

No puede olvidarse como propio de las primeras sentencias pisanas fue señalada la necesidad de la adopción de un método de cuantificación del daño a la persona (y, en particular, del daño biológico), que conjugase exigencias equitativas, paridad de tratamiento y especificidad del caso concreto. En efecto, se originaron en ese contexto las «tablas» de cálculo del daño, que conducirían después de algunos años, a la afirmación legislativa de este modelo (si bien por las micropermanentes, con ley n° 57 del 2001, y, posteriormente, en los artículos 138-139 del *Codice Assicurazioni*) y además a su reconocimiento semi-normativo por parte de la misma jurisprudencia de legitimidad (sentencia de casación n° 12408 del 7 de junio de 2011).

Las claras y fluyentes páginas del amigo Carlos logran proporcionar al lector una armónica síntesis del amplio debate doctrina y cultural italiano, que tuvo, en aquellos años, un importante y significativo eco también respecto al resto de Europa y con los juristas de

América Latina (entre los cuales, en particular, el ilustre Maestro del autor, el Prof. Carlos Fernández Sessarego).

La obra prosigue con el tratamiento del daño existencial y de sus respectivas (incluso ásperas) contraposiciones doctrinales y jurisprudenciales. Este nuevo debate constituyó sin duda el terreno de los cambios jurisprudenciales de los 2003 (sentencias de la Casación n° 8827 y 8828) y de las Secciones Unidas del 2008, que, llegando precisamente a la negación de la configurabilidad de la figura del daño existencial (a pesar de las voces de disidencia con respecto a esta interpretación), inauguró ese proceso de unificación de los diversos elementos de daño en el contexto integral del daño inmaterial (artículo 2059 del cc), que todavía fue afirmado por la jurisprudencia italiana incluso en los importantes pronunciamientos de las sentencias de San Martino de 2019 (sentencias de Casación n° 28985 y n° 28994).

El daño no patrimonial finalmente *«liberado del recinto en el que había sido cerrado de manera incongruente»* - como había sido casi proféticamente predicho (GENTILE, *Problemi insoluti nella valutazione del danno alla persona*, en: *Resp. civ. prev.*, 1951, 326) - se ha revelado categoría dúctil y en capacidad de reconocer en el área de la resarcibilidad de figuras heterogéneas, pero igualmente meritorios de tutela judicial (como el daño a la pérdida de relación parental, el daño terminal biológico y moral).

No obstante, el «modelo italiano» de daño a la persona - como ha sido analizado y definido por Agurto Gonzáles - no está destinado a permanecer cristalizado en la actual configuración, que la jurisprudencia especialmente ha tomado en la última década.

Por otro lado, es necesario comprobar la plena persuasividad de la denominada interpretación «constitucionalmente orientada» del artículo 2059, que además de los perfiles de indeterminación y potencial arbitrio judicial en la medida en que el intérprete va más allá del dato literal y aprovechando la concepción del artículo 2 de la constitución como norma «abierta», inserta en el ámbito constitucional nuevos derechos, en cuya configuración y en cuyo contenido residen en la propia subjetiva sensibilidad y concepción cultural (piénsese en las sentencias que han reconocido el resarcimiento del daño no patrimonial en consecuencia de las inmisiones intolerables *ex* artículo 844 del c.c., por lesión del derecho *«al normal desarrollo de la vida familiar al interior del propio hogar»* y el derecho *«a la libre y plena determinación de las propias costumbres de la vida cotidiana»*: sentencia de la Casación n° 21554 del 3 de septiembre de 2018). Así comprendido el presunto «filtro» constitucional, se retorna a la afirmación de resarcibilidad de los daños de bagatelas, hacia la cual la jurisprudencia de legitimidad había planteado presentar su veto con los pronunciamientos de las Secciones Unidas de 2008.

Por su parte, doctrina y jurisprudencia se confrontarán con la nueva figura del resarcimiento «punitivo», respecto a la cual la Suprema Corte (sentencia de Secciones Unidas n° 16601 del 5 de julio de 2017) rompió la barrera del orden público, que, en precedencia, había conducido a la negativa de juzgar deliberadamente las sentencias extranjeras que lo reconocían. Sin embargo, las Secciones Unidas han subordinado la compatibilidad del resarcimiento punitivo con el ordenamiento jurídico italiano atendiendo al requisito de predeterminación legislativa y de prevedibilidad de los límites edictales sancionadores, que ni siquiera las normas excepcionales - que, según la opinión difundida, parecería admitir (artículo 96 del c.p.c.; artículo 709 ter c.p.c.) - parecen respetar. Las modalidades con que el juez eventualmente podrá coordinar el resarcimiento del daño no patrimonial a la persona y al eventual connotado sancionatorio de la condena, que debería ser eventualmente admitido en el futuro por la jurisprudencia, constituiría un tema tan complejo, en el cual ciertamente se desarrollará el debate en la próxima década.

En esta perspectiva, es necesario considerar la imprescindible necesidad de la confrontación entre los modelos acogidos en los diversos ordenamientos jurídicos y el proficuo diálogo entre Europa y América desarrollados por gran tiempo a nivel doctrinal. En este camino de osmosis ya emprendido entre las culturas jurídicas, académicos como Carlos Antonio Agurto Gonzáles hacen una valiosa contribución. Su conocimiento profundo de la doctrina italiana, su presencia constante en universidades italianas y europeas, su participación en numerosas conferencias y seminarios, son un testimonio directo y valioso tanto de la fecundidad de la comparación entre sistemas jurídicos como del intenso vínculo de amistad entre académicos italianos y latinoamericanos.

Mauro Paladini

Profesor Ordinario de la Universidad de Brescia
(Italia)

PROEMIO

Esta obra del Prof. Carlos Antonio Agurto Gonzáles es un trabajo importante para quienes se aproximan al estudio del daño a la persona en la era moderna. En pocas páginas, ha tenido el mérito de dar una visión general del problema que, si bien referido al derecho italiano, se presenta, en realidad, a escala europea.

El punto de partida de la historia es la dimensión económica del hombre, que a los fines resarcitorios se aplicaba a su capacidad de ser un productor de ingresos. La idea de Melchiorre Gioia, brillante para la época en que fue concebida, dio una solución que sigue siendo válida en gran medida. En el mismo estudio, este autor reflexionó con gran modernidad sobre el daño no patrimonial causado por lesión. Este punto de partida fue perfectamente identificado por Carlos Antonio Agurto Gonzáles, que acoge el modo en que el Derecho aborda los temas de la tutela civil de la persona mediante la responsabilidad civil. Para el estudioso del derecho civil tradicional, no podía no ser así, la persona valía como productora de ingresos, de ganancias, debido a que por medio de los ingresos perdidos es posible conjugar la técnica de la responsabilidad civil, históricamente nacida para proteger la propiedad entendida como patrimonio, con la protección de la persona. No hay contradicción entre el derecho patrimonial y el derecho no patrimonial: si el perjuicio es la pérdida de ganancias, la tutela de la persona es siempre patrimonial, incluso si deriva de la lesión de un derecho no patrimonial, como la integridad psicofísica.

En este punto, fue sobre todo la doctrina médico-legal la que demostró la insatisfacción de esta solución, al encontrar que la persona humana es válida incluso cuando no puede ser un productor de ingresos y ganancias. En la década de 1950, la escuela romana de Cesare Gerin (médico legista) valoraba las ideas que se remontaban a la década de los años 30 del siglo XX, en las que la medicina forense de la época ya consideraba a la persona de una manera completamente diferente a como lo habían hecho los juristas hasta ese momento. Excepto que los médicos y juristas nunca dialogaron hasta que la Escuela Pisana realmente innovará el panorama, combinando el Derecho con la medicina legal. Las primeras contribuciones de Marino Bargagna (médico legista) y Francesco Donato Busnelli (jurista) abrieron un camino completamente diferente que había llevado a reescribir la historia del daño a la persona y, con ello, del daño no patrimonial.

Precisamente, estos sucesos han sido expuestos magistralmente por Carlos Antonio Agurto Gonzáles, quien, en este proceso, no ha dejado de atribuir cierta importancia a la Escuela de Bolonia de Francesco Galgano. El mérito de esta escuela, de la que me siento honrado de ser parte, fue observar este fenómeno cambiante, a través de los ojos de la jurisprudencia. La idea de Galgano era que nuestro tiempo no es un tiempo de *Legislatio*, sino de *Iurisdictio*; esta misma idea encontró su demostración en la evolución de la responsabilidad civil. La historia del daño a la persona y daño no patrimonial está marcada por *leading cases* que, en sustancia (no en la forma), han cambiado las reglas de funcionamiento. Este proceso ha estado constantemente marcado por un diálogo continuo entre doctrina y jurisprudencia, que ha producido el tipo de terreno común útil para introducir innovaciones socialmente aceptadas.

Cabe señalar que este proceso se ha desarrollado en Italia (y en Europa en general), debido a que ciertos conflictos sociales entre particulares, a partir de los años setenta, han sido colocados a la atención de los jueces, incluso antes que el legislador. Una cierta conflictualidad social ha encontrado cada vez más soluciones en los tribunales y no en las leyes del parlamento. En nuestro tiempo, este *modus procedenti* ahora ha entrado en la normalidad, ya no se puede apreciar en términos de la patología del sistema, al menos en los países europeos de *civil law*. No estoy seguro de que este fenómeno sea común en América Latina y en Perú en particular.

Constato que en la historia del derecho civil peruano el rol del Prof. Carlos Fernández Sessarego ha sido muy atento a los desarrollos del daño a la persona en las escuelas jurídicas italianas. Recuerdo que fue miembro activo en la elaboración del código civil peruano de 1984, y que esta influencia se evidencia principalmente en la redacción de su artículo 1985: «La indemnización comprende las consecuencias que deriven de la acción u omisión generadora del daño, incluyendo el lucro cesante, el daño a la persona y el daño moral, debiendo existir una relación de causalidad adecuada entre el hecho y el daño producido».

El supuesto de hecho de esta norma pertenece a una tradición que se separa de la historia y de la codificación del siglo XIX y que se proyecta a los temas de nuestro tiempo. Por lo tanto, con esta disposición, el derecho peruano tiene un punto de ventaja en el debate sobre el daño a la persona que favorece la doctrina y se inserta en el debate actual.

Con este libro, el pensamiento del Prof. Carlos Fernández Sessarego demuestra estar perfectamente en el centro del debate sobre el daño a la persona.

MASSIMO FRANZONI
Profesor Ordinario de la Universidad de Bolonia
(Italia)

PREMISA

El trabajo de Carlos Antonio Agurto Gonzáles dedicado al daño a la persona en Italia es de gran interés, también para el jurista italiano. En efecto, se trata de una reconstrucción histórica y extremamente cuidada que colma una laguna también respecto al derecho italiano. El autor reconstruye la evolución del daño a la persona en Italia en modo extremamente cuidada y completa.

El primer punto de partida, está constituido por la famosa regla del zapatero elaborada por Melchiorre Gioia, consistente que en cada caso de lesión a la integridad física, el resarcimiento del daño debería ser considerado en función de la disminución de la esfera económica, consecuencia de la lesión, comprendiendo que en caso de la lesión a la integridad física el resarcimiento del daño debía cubrir el daño emergente, como gastos médicos, que como consecuencia de una herida un zapatero produce una cantidad menor de zapatos, el resarcimiento debía relacionarse a la disminución de la esfera económica como consecuencia de la lesión. Obviamente este criterio podía conducir a consecuencias resarcitorias muy diversificadas según la capacidad de ganancia económica del sujeto lesionado. En otras palabras, se podía pasar de sumas muy elevadas en caso de accidentes o muerte de un profesional, a sumas muy bajas en caso de lesión de una ama de casa, de un jubilado, etc. En particular, se recuerda el famoso caso «Gennarino», en que los jueces cuantificaron el daño sufrido por el hijo de un obrero, presumiendo que la víctima también habría de desarrollar la misma profesión que su padre.

Ciertamente el resultado no podía ser sino fuertemente discriminatorio, de allí se comprende las fuertes críticas doctrinales, especialmente por parte de las escuelas genovesa y pisana, críticas que se abrieron camino en la jurisprudencia, con el reconocimiento del «daño biológico», antes por parte de la jurisprudencia de mérito y posteriormente por parte de la Corte de Casación. En particular por el daño biológico se entendió el daño sufrido en la integridad física de la persona en sí y por sí considerada, prescindiendo de la capacidad de producir rédito, lo que ha conducido a una completa superación de la regla del zapatero de Melchiorre Gioia y ha abierto una nueva fase del daño a la persona en Italia.

En realidad, el nuevo planteamiento, en vez de resolver todo el problema, ha dado origen a una serie de cuestiones que hasta ahora esperan solución. En primer lugar, el problema de la cuantificación del daño a la persona. En efecto, ya que no tiene más relevancia la pérdida de ganancia, debido a que el daño a la persona es en sí y por sí considerado y debido a que no subsiste un valor de mercado de las personas o de la integridad física, queda el problema de cómo cuantificar bienes privados de ser parte del mercado y, como consecuencia, de un valor de mercado. Actualmente, se hace referencia al método por tablas, salvo la eventual personalización del daño, la cual no se encuentra excepta de inconvenientes.

Además, el daño biológico fue reconducido en el universo del daño no patrimonial, unidamente al daño moral, lo que abrió un nuevo debate con respecto a la exhaustividad o no de las voces de daño consideradas. En particular, la doctrina italiana nuevamente se dividió en dos corrientes: una favorable al daño existencial (escuela triestina) y su contraria (escuela pisana). Según Paolo Cendon no sería suficiente considerar el daño biológico, sino debería tenerse en cuenta el daño existencial, comprendido como empeoramiento de la calidad de la vida, como pérdida de la capacidad de relacionarse con otros. De acuerdo a Giulio Ponzanelli no sería, en cambio, posible ir más allá de la dicotomía clásica entre daño patrimonial y no patrimonial.

Finalmente, en este cuadro se inserta el pronunciamiento de la Corte de Casación, la cual ha buscado dirimir el problema, excluyendo la autónoma relevancia del daño existencial. En particular, según esta Corte, el daño puede ser solo patrimonial o no patrimonial, con la consecuente irrelevancia del daño existencial, también a fin de evitar peligrosas duplicaciones resarcitorias. Esto no excluye que el daño existencial pueda asumir relevancia como voz específica del daño no patrimonial, cuando es específicamente comprobado.

Resulta un cuadro intrigante y complejo que Carlos Antonio Agurto Gonzáles ha sabido acoger magistralmente en su devenir, ofreciendo a los intérpretes un precioso instrumento de indagación: solo la lectura directa del texto puede permitir al intérprete acoger el fondo de valor de sus ramificaciones.

PAOLO GALLO
Profesor Ordinario de la Universidad de Turín
(Italia)

CAPÍTULO I
LOS ORÍGENES DEL «DAÑO A LA PERSONA» EN ITALIA

1. Introducción

Actualmente, vivimos en el proceso de consolidación de una nueva visión del Derecho, de una nueva forma de hacer Derecho[1], donde el centro de la preocupación del jurista es, y debe ser, la protección unitaria, preventiva e integral de la persona, en sus diversas y múltiples manifestaciones del devenir social.

Esta nueva visión del Derecho, que es en su esencia tridimensional[2], ha contado previamente con el sustento de una moderna concepción del ser humano, que de ser visto como un ser racional, ha pasado a ser un ser libertad, con una propia e inherente dignidad, lo cual implica, obviamente, una nueva etapa de la juridicidad[3].

---

1 Es la expresión utilizada por el Prof. Carlos Fernández Sessarego para referirse a este cambio de perspectiva en torno a lo jurídico. Cfr. Fernández Sessarego, Carlos, *Un nuovo modo di fare Diritto*, en: AA.VV., *Il diritto dei nuovo mondi*, Atti del Convegno promosso dall'Istituto di Diritto Privato delle Facoltà di Giurisprudenza, Génova 5-7 novembre 1992, Cedam, Padua, 1994, p.234 y ss.

2 Sobre la tridimensionalidad del Derecho, puede verse a Fernández Sessarego, Carlos, *El Derecho como libertad. La Teoría Tridimensional del Derecho*, cuarta edición, Motivensa Editora Jurídica, Lima, 2017, p. 103 y ss. También Fernández Sessarego, Carlos, *Derecho y persona*, quinta edición actualizada y ampliada, Astrea, Buenos Aires, 2015, p. 119 y ss.

3 Fernández Sessarego, Carlos, *Aspectos jurídicos del «consentimiento informado» del paciente en la responsabilidad médica. Con especial referencia a la jurisprudencia comparada*, en: *Negocio jurídico y responsabilidad civil. Estudios en memoria del profesor Lizardo Taboada Córdova*, Grijley, Lima, 2004, p. 709. También, y más profundamente, como la nueva concepción del ser humano ha influenciado en la medicina para el nacimiento de instituciones como el consentimiento informado, véase Fernández Sessarego, Carlos, *La responsabilidad civil del médico y el consentimiento informado*, Motivensa Editora Jurídica, Lima, 2011, p. 50 y ss, así como Fernández Sessarego, Carlos y Woolcott Oyague, Olenka, *Derecho médico. De las nociones fundamentales y la responsabilidad médica*, Tomo I, Instituto Pacífico, Lima, 2018, p. 56 y ss.

Si es cierto que, como expresa el maestro italiano Paolo Grossi[4], «*el referente necesario del Derecho es solamente la sociedad, la sociedad como realidad compleja*», pues «*la dimensión esencial del Derecho que es la* carnalidad, *o lo que es lo mismo, a causa de esa típica característica suya que consiste en estar escrito en la piel de los seres humanos*»[5], es decir que el Derecho se encuentra innato en la profunda esencia del hombre[6] y es parte de la estructuración de la sociedad[7], ya que, indica magistralmente el gran jurista Pier Giuseppe Monateri, «*custodiar el Derecho significa apartarse del Derecho como simple hecho técnico para evocar su vínculo con la tierra y con el ser*»[8], no obstante, éste tiene que lidiar con el actual contexto socio-económico, con la denominada globalización o mundialización[9], que si bien ha abierto nuevos puentes de comunicación en diversos aspectos y ha reducido las distancias entre pueblos y naciones, pero como contrapartida ha transformado al individuo en un ser más vulnerable respecto a la aldea global[10], respecto a las fuerzas y al poder de la economía en un Estado nacional moderno[11], que ha renunciado a gran parte su soberanía y a gran parte de las funciones de protección y tutela de la persona que en la historia se le habían atribuido[12].

La responsabilidad civil, o mejor en su concepción moderna de «derecho de daños», como instrumento del derecho privado contemporáneo que busca la tutela de los derechos de las personas,

---

4 Grossi, Paolo, *Prima lezione del diritto*, décimo quinta edición, Editori Laterza, Roma-Bari, 2010, p. 15.

5. Siempre del maestro Grossi, *El novecientos jurídico: un siglo posmoderno*, Marcial Pons, Madrid, 2011, p. 65.

6 Grossi, Paolo, *Europa y el Derecho*, traducción castellana de Luigi Giuliani, Crítica, Barcelona, 2008, p. 17.

7 Grossi, Paolo, *L'ordine giuridico medievale*, tercera edición, Editori Laterza, Roma-Bari, 2007, p. 19.

8 Monateri, Pier Giuseppe, *Los límites de la interpretación jurídica y el derecho comparado*, Ediciones Olejnik, Argentina, 2016, p. 3.

9 Monateri, Pier Giuseppe, *Globalizzazione e diritto europeo dei contratti*, en: *Giustizia sociale e mercato nel diritto europeo dei contratti*, al cuidado de Alessandro Somma, G.Giappichelli editore, Turín, 2007, p. 175 y ss. Véase también Monateri, Pier Giuseppe, *Dominus Mundi. Political Sublime and the World Order*, Hart publishing, Oxford, 2018.

10 Bussani, Mauro, *Il diritto dell'Occidente. Geopolitica delle regole globali*, Einaudi, Turín, 2010, p. 52 y ss. Existe traducción en español: Bussani, Mauro, *El derecho de occidente. Geopolítica de las reglas globales*, traducción de María Elena Sánchez Jordán, Marcial Pons, Madrid, 2018.

11 Mattei, Ugo, *Beni comuni. Un manifesto*, quinta edición, Editori Laterza, 2011, p. 12 y ss.

12 Patti, Salvatore, *Diritto privato e codificazioni europee*, segunda edición, Giuffrè editore, Milán, 2007, p. 361.

vulnerados por las diversas y múltiples situaciones perjudiciales que se presentan, mediante el advenimiento del reconocimiento del daño a la persona, en tanto «*es un capítulo de la más vasta historia de los derechos del hombre*»[13], que ha revolucionado la visión de la función protectora de la persona humana en el Derecho, presentándose como el lugar de tutela de la nueva responsabilidad civil[14].

Una de las experiencias que ha sido más sensible a estas transformaciones y que ha desarrollado los diversos aspectos de esta institución, cuya evolución continua en nuestros días, es el modelo italiano. En efecto, es en la península itálica, como nos recuerda el Prof. Salvatore Patti[15], donde se ha dedicado mayor atención a los diversos supuestos del daño que conciernen a la persona humana y su bienestar. Sus diversas Escuelas, la turinesa, de Bolonia, pero especialmente las de Génova, Pisa y Trieste, han realizado un trabajo extraordinario de ahondamiento teórico de la materia, acompañado por una no frecuente capacidad de influenciar en los pronunciamientos jurisprudenciales italianos.

En las páginas que siguen, dedicaremos nuestra atención a los «antepasados» del aporte italiano en materia de daño a la persona. Así los nombres de Melchiorre Gioia, Cesare Gerin y Guido Gentile se presentan como notables precursores de los desarrollos de las diversas escuelas peninsulares en materia de daños al ser humano. A quienes, en recuerdo de su valioso trabajo, no siempre apreciado en nuestro tiempo, estas breves líneas pretenden homenajear.

2. El aporte de Melchiorre Gioia

Si bien el tema del daño a la persona, como institución con carta de ciudadanía propia dentro de los ordenamientos jurídicos contemporáneos es reciente, el estudio del mismo tiene algunos antecedentes remotos. En efecto, debemos mencionar la obra de Melchiorre Gioia (Piacenza, 20 de septiembre de 1767 - Milán, 02 de enero de 1829), quien en su célebre «*Dell'ingiuria dei danni del soddisfacimento, e relative basi di stima avanti i Tribunali civili*» de

---

[13] Galgano, Francesco, *Danno non patrimoniale e diritti dell'uomo*, en: *Contratto e impresa*, n. 04-05, año XXV, Cedam, Padua, 2009, p. 883.

[14] Castronovo, Carlo, *La nuova responsabilità civile*, tercera edición, Giuffrè editore, Milán, 2006, p. 53.

[15] Patti, Salvatore, *Le sezioni unite e la parabola del danno esistenziale*, en: *Il Corriere Giuridico*, n. 03, Ipsoa, Milán, 2009, p. 447.

1821 manifestó, respecto al daño a la persona, que «*si bien es antiguo como la especie humana, presenta aún hoy notables y complejas dificultades, en cuanto a los daños se renuevan todos los días e inciertas son las bases para calcularlos*»[16].

Gioia, economista, político, intelectual italiano de pensamiento enciclopédico y padre de la estadística, además de patriota[17], en su valiosa obra citada, criticaba la noción del resarcimiento en boga en sus tiempos, que la consideraba angosta e inadecuada. Ello, por cuanto la visión de Gioia partía desde una perspectiva antropológica, donde el hombre «*no está, en efecto, limitado a la existencia física y actual, en el gozar y el sufrir; sino es susceptible de una amplia previsión, él vive en los tiempos que no alcanza aún, piensa en pérdidas aún lejanas, medita en eventos futuros, es sensible a situaciones que suceden a mil millas de él; por ende, las esperanzas y los temores se avecinan en su ánimo, y/o la alegría o la tristeza lo colman, según que el sentimiento de la seguridad a todos los puntos de su ideal existencial se extiendan, o a algunos solamente*».

En la obra de Gioia, se pasa del patrimonio al cuerpo, del sufrimiento moral a la consideración atenta de todo lo que empobrece, altera y compromete la existencia humana.

Sintetizó el panorama de la reparación de los daños de su tiempo, en los siguientes aspectos:

a) Faltaban las bases precisas para calcular la satisfacción en toda generación de «injurias»;

b) Se hacía uso de algunas bases erróneas de injusticia;

c) Se dejaba sin satisfacción gran parte de los daños;

d) Hasta en ese entonces - 1821 - era confusa y oscura la idea del daño en la mente de los comentaristas. Estos restringían el daño al objeto material, disminuido o destruido.

Como es evidente, muchas de estas apreciaciones de Gioia son actuales en nuestros ordenamientos que tienen que reparar los di-

---

16 Gioia, Melchiorre, *Dell'ingiuria dei danni del soddisfacimento, e relative basi di stima avanti i Tribunali civili* (1821), precedido por un elogio histórico del autor de G.D. Romagnosi, Lugano, Ruggia y C., 1833, p. XXIII.

17 Busnelli, Francesco Donato, *Interessi della persona e risarcimento del danno*, en: Rivista Trimestrale di diritto e procedura civile, Giuffrè editore, fascículo I, año L, Milán, 1996, p. 01.

versos perjuicios y situaciones peyorativas que se infringen al destinatario del Derecho, vale decir la persona humana.

Como nos indica Guido Alpa[18], la investigación de Gioia tenía naturaleza esencialmente práctica, estimativa: un presupuesto de ésta es la definición de «injuria», en cuanto daño, en sus diversos aspectos, materiales y morales, pero la finalidad del análisis consistía en la identificación de los criterios de reparación del daño emergente, del lucro cesante y de los aspectos de la persona que podían definirse como morales o ideales.

La «injuria» es comprendida, en la visión gioiana, en sentido de englobar cualquier daño ocasionado a la persona. El intelectual piacentino se preocupó en identificar las causas que limitan o corrompen la estima que goza la persona en el ambiente en que vive y se desarrolla, y trata los modos y formas utilizados para generar el daño (palabras, escritos, lenguaje simbólico, violencia contra las personas y las cosas).

En cuanto a los presupuestos de la reparación, Gioia analiza la noción de daño comprendido en sus dos componentes, ya sea como daño emergente (disminución ocasionada en nuestro bienestar) y de lucro cesante (todo aumento impedido de nuestro bienestar). Ambos no se hubieran presentado, siguiendo el curso ordinario de las cosas, si no se habría producido el daño.

Para algunos, el gran mérito por el cual Gioia ha pasado a la posteridad es su enunciación cristalina de las reglas resarcitorias en materia de daño patrimonial: daño emergente, lucro cesante, reducción de la capacidad laboral. Estableció, así, la «regla del zapatero»: «*Un zapatero, por ejemplo, elabora dos zapatos y un cuarto al día: ustedes han dañado su mano en modo que no logrará más hacer un zapato: ustedes le deben el valor de la fabricación de un zapato, y un cuarto multiplicado por el número de días que le restan de vida, menos los días festivos. El número de días que quedan a cada individuo, en cuanto es notoria la edad, como resultado de los indicadores de mortalidad que actualmente todos conocen*»[19]. Como es notorio, la atención moderna es

---

[18] Alpa, Guido (al cuidado de), *La responsabilità civile. Parte Generale*, Nuova Giurisprudenza di Diritto Civile e Commerciale. Colección fundada por Walter Bigiavi y dirigida por G. Alpa, U. Breccia, G. Bonilini, F. Carinci, M.Confortini, A. Iannarelli, M. Sesta, G. Cottino, O.Cagnasso, Utet Giuridica, Turín, 2010, p. 60.

[19] Gioia, Melchiorre, *Dell'ingiuria dei danni del soddisfacimento, e relative basi di stima avanti i Tribunali civili*, p.167.

concentrada en los denominados «*daños no patrimoniales*», y no sin grandes motivos. Este cambio, coherente con las transformaciones de la sensibilidad social y colectiva, no debe, sin embargo, hacer olvidar la austera concreción del daño patrimonial.

Sobre esta regla simple, se ha dirigido el sistema de reparación del daño a la persona en Italia hasta los años setenta del siglo XX, concluyendo con la liquidación, según el modelo del daño a la salud[20].

Gioia realizó un minucioso análisis de los tipos de daño y de los criterios por los cuales calcularlos. No todos los daños (vale decir, los tipos de lesión) son considerados en el mismo plano: para el estudioso italiano el daño moral es más importante que el daño patrimonial, el daño derivado de una ofensa al honor es más importante que el daño a las cosas.

Por ello, en su sistema es central la *satisfacción*[21], es decir la reparación del daño: «*La satisfacción es completa cuando se extiende a los lucros cesantes como a los daños emergentes; cuando se proporciona a su número, a su especie, a su intensidad; cuando repara sus consecuencias físicas y morales; cuando suministra, compensa las sensaciones dolorosas, acompañadas por aparentes sensibilidades, que por las sensaciones dolorosas se producen. En suma, ya que la palabra «daño» no encierra solamente las alteraciones en el sistema invisible de los sentimientos, si la satisfacción debe ser completa, a las unas debe extenderse, así como a las otras*».

Gioia estableció que la satisfacción debe ser *igual* al daño: esto expresa una concepción original para la época, porque, como es conocido, la reparación ha sido considerada por siglos como un simple paliativo de la integral satisfacción y como, en la selección de los daños relevantes, en la mayor parte de los casos la reparación resulta solo parcialmente satisfactoria para la víctima.

Nuestro autor logró elaborar una minuciosa clasificación práctica de los daños y de los métodos para cuantificarlos. La atención de Gioia se alejó de las reglas de los códigos del siglo XIX, donde estas existían, que crítica con fundamento, ya sea en los casos en que se confiaba a la equidad la valoración del daño, como en lo que se fijaban los criterios más precisos, para Gioia estos eran mecánicos y arbitrarios.

---

20 Franzoni, Massimo, *Il danno risarcibile*, en: *Trattato della responsabilità civile*, dirigido por M. Franzoni, segunda edición, Giuffrè editore, Milán, 2010, p. 349.

21 Así lo anota Guido Alpa en: *La responsabilità civile. Parte Generale*, p. 61.

En el caso del daño a la persona, es decir en la lesión a la integridad física, Gioia afirmó que los sufrimientos merecen ser «compensados», que deben ser «*iguales al producto resultante de la multiplicación de la intensidad de la duración*».

Gioia para calcular el daño físico sufrido por la víctima, utilizaba un doble parámetro, el tiempo que estadísticamente la víctima podrá aún vivir y el rédito percibido. La suma resarcitoria variaba en razón de la edad y de la profesión u ocupación de la víctima. Como indica Alpa[22], si se contemplan las tablas utilizadas por muchos tribunales modernos, los criterios se corresponden perfectamente.

Muchos de los temas que son materia de debate jurídico en el área del daño a la persona encuentran en Gioia un agudo precursor[23], aunque no podemos olvidar, como nos recuerda un notable historiador del Derecho, como es el Prof. Giovanni Cazzetta[24], que la obra del intelectual italiano estaba, en primer lugar, íntimamente ligada con el fundamento y las funciones atribuidas a la responsabilidad civil en su tiempo, respecto a la configuración de la sociedad civil como una especie de sociedad asegurativa, que respondía a las exigencias de justicia distributiva, tutelando al individuo injustamente víctima de daños. Un segundo aspecto en su obra, comprensible en el espíritu burgués del modelo de responsabilidad dominante, tendía a «monetizar» toda «perturbación del espíritu», «reduciendo a cálculos los sentimientos morales» en la valoración de todo bien no patrimonial, en una visión del resarcimiento milimétrica del daño en su integridad[25].

Tampoco debemos dejar de mencionar, en la valoración del aporte de Gioia, lo manifestado por Guido Alpa. Para el profesor emérito de la Universidad de Roma «La Sapienza», conviene recordar en Gioia no tanto sus ideas como jurista, sino sus aspectos de estudioso de la estadística. Precisamente, el estudioso italiano es el

22 Alpa, Guido, *La responsabilità civile. Parte Generale*, p. 62.

23 Busnelli, Francesco Donato, *Il danno biologico. Dal «diritto vivente» al «diritto vigente»*, G.Giappichelli editore, Turín, 2001, p. 59.

24 Cazzetta, Giovanni, *Responsabilità aquiliana e frammentazione del diritto comune civilistico (1865-1914)*, Dipartimento di Teoria e Storia del Diritto dell'Università degli Studi di Firenze, Florencia, 1990, p. 59.

25 Cazzetta, Giovanni, *Responsabilità aquiliana e frammentazione del diritto comune civilistico (1865-1914)*, Per la Storia del pensiero giuridico moderno, volumen 40, Facultad de Derecho de la Universidad de Florencia - Centro di Studio per la Storia del Pensiero Giuridico Moderno, Giuffrè editore, Milán, 1991, p. 65.

prototipo del científico que logró tratar problemas que hasta entonces eran monopolios de los juristas (del derecho romano a los codificadores del siglo XIX) con una visión y con soluciones no jurídicas, vale decir no formales. En efecto, son los resultados estadísticos que explican qué daños deben ser reparados, cómo deben ser cuantificados y cuál el rol tiene en la reparación la aseguración de la responsabilidad civil y la aseguración contra los daños. Por ende, es una moderna perspectiva, que será retomada solo después de un siglo, cuando se comenzó a pensarse en los problemas jurídicos desde una óptica económica[26].

3. El planteamiento de Cesare Gerin

El notable médico-legista Cesare Gerin introdujo el concepto de «validez» del hombre, comprendido como valor económico en sí considerado, y por ende bien resarcible, al comprobarse el perjuicio a la función de un determinado órgano, independientemente de los efectos en el ámbito laboral[27]. Así, en 1952, en el desarrollo de unas famosas jornadas médico-legales en Trieste, Gerin expuso su célebre teoría sobre los daños a la integridad física del ser humano. Para el estudioso italiano, la integridad física representaría un valor patrimonial económicamente valorable, en cuanto el hombre de por sí constituiría un valor capital. De tal modo, el hombre es el artífice de la riqueza nacional y, al mismo tiempo, es el depositario de la misma. Por ende, la reparación del daño no debe tener, según Gerin, en cuenta solamente la lesión, sino todas las consecuencias perjudiciales[28].

Como recuerda Busnelli, la teoría de Gerin fue liquidada por la doctrina más importante de esa época en materia de responsabilidad civil, representada por Adriano de Cupis[29], quien consideró el planteamiento geriniano como un intento ingenuo y errado de encontrar un fundamento jurídico a una aspiración que, para el derecho positivo, no puede ser satisfecha.

---

[26] Alpa, Guido (al cuidado de), *La responsabilità civile. Parte Generale*, p. 59.

[27] Papi, Luigi, *Lo stato anteriore e le macromenomazioni*, en: La valutazione delle macropermanenti. Profili pratici e di comparazione, al cuidado de Giovanni Comandé y Ranieri Domenici, Edizioni ETS, Pisa, 2005, p. 37.

[28] Gerin, Cesare, *La valutazione medico-legale del danno alla persona in responsabilità civile*, en: Rivista degli infortuni e delle malattie professional, I.N.A.I.L, Roma, 1953, p. 394 y ss.

[29] De Cupis, Adriano, *Il valore economico della persona umana*, en: Rivista Trimestrale di diritto e procedura civile, Giuffrè editore, Milán, 1956, p. 1264 y ss.

No obstante, este juicio crítico del maestro italiano no fue compartido totalmente por la doctrina. Como nos señala nuevamente Busnelli, juristas como Edoardo Bonasi Benucci[30], admitieron con mucha claridad los aspectos positivos del aporte de Gerin sobre la «valoración», concluyendo que su propuesta de fijar un valor a la integridad física igual para todos no podía ser negada *a priori*, pues portaba una apreciable contribución a la solución del problema de los daños a la persona.

4. La contribución de Guido Gentile

«*La valoración del daño a la persona presenta el más arduo de los problemas en el vasto campo de la responsabilidad civil*», así iniciaba su famoso trabajo sobre la materia de los daños a la persona, el notable abogado milanés y fundador de la famosa revista italiana *Responsabilità civile e previdenza*, Guido Gentile[31]. En efecto, por primera vez en una enciclopedia jurídica y en un ensayo de más de cuarenta páginas, Gentile trata de un área, como la reparación del daño a la persona, que si bien estuvo presente en la práctica jurídica, no era considerado digno de preocupación por parte de la doctrina italiana. Por cuanto, la concepción de los daños a la persona, como universo en expansión[32], revolucionó el planteamiento conceptual y la misma sistemática del sistema de la responsabilidad civil[33], exigiendo soluciones univocas y metodológicamente correctas, cuya reparación, dentro de la moderna protección constitucional de los derechos fundamentales de la persona, no puede ser puesta en duda, con lo que la liquidación y valoración de los daños a la persona se convierte en una cuestión esencial de los ordenamientos jurídicos modernos[34].

El pasaje de una sociedad de pequeños propietarios, típica de la ideología y tiempo del *Code Napoléon*, a una basada prevalentemente en las ganancias del trabajo, el descubrimiento de una concepción humana de la responsabilidad civil que establezca una correcta re-

30 Bonasi Benucci, Edoardo, *La responsabilità civile*, Milán, Giuffrè editore, 1955, p. 69.

31 Gentile, Guido, voz *Danno alla persona*, en: Enciclopedia del Diritto, volumen XI, Giuffrè editore, Milán, 1962, p. 634.

32 Galgano, Francesco, *Le mobili frontiere del danno ingiusto*, en: Contratto e impresa, n. 01, año I, Cedam, Padua, 1985, p. 01.

33 Fernández Sessarego, Carlos, *Il risarcimento del «danno al progetto di vita»*, en: La responsabilità civile, n. 11, Utet Giuridica, Turín, noviembre del 2009, p. 897.

34 Procida Mirabelli di Lauro, Antonino y Feola, Maria, *La responsabilità civile. Contratto e torto*, G.Giappichelli editore, Turín, 2014, p. 226 y ss.

lación entre el daño y la persona, la intensificación de las situaciones de daño a la persona en una economía postindustrial, caracterizada por el creciente dinamismo de las relaciones y los negocios[35], impulsaron a estudiosos como Gentile a evidenciar el cambio de una concepción estática, concentrada en el daño al patrimonio, a una perspectiva dinámica, caracterizada por las múltiples ocasiones de daños a la persona en una sociedad postindustrial y por la producción frecuente y gravedad de esta última figura de daño, la hace asumir un rol central y preeminente dentro de los ordenamientos jurídicos vigentes.

En primer lugar, para nuestro autor la reparación del daño a la persona consideraba no la medida positiva del valor hombre, sino la entidad negativa de su afectación. Con ello, se buscaba abandonar la perspectiva mercantilista de la persona ante todo esfuerzo de valoración exhaustiva de los perjuicios y daños derivados de la perturbación de la integridad psicofísica de la víctima.

En segundo lugar, propugnó Gentile, que en los casos de muerte de la víctima, el daño es considerado no en lo que el hombre vale, sino a la pérdida sufrida por las personas que tenían con éste una relación de interdependencia. Busnelli[36] consideró que este planteamiento es un antecedente de los daños a la salud por muerte.

Una nueva visión de la valoración económica del daño a la persona es el tercer aspecto tratado por Gentile: «*así comprendido, en la limitada consideración del interés a la vida y a la integridad física del hombre, el problema se convierte en más accesible a una concreta valoración económica del daño a la persona, que postula la búsqueda de una relación entre daño y dinero*»[37]. Por ello, uno de los sectores más autorizados de la doctrina italiana, ha afirmado la necesidad de un equilibrado tratamiento de intereses entre las exigencias de asegurar una reparación integral al daño a la persona y la contención de otros aspectos con relevancia económica, como los costos de aseguración[38].

---

35 Procida Mirabelli di Lauro, Antonino, *La riparazione dei danni alla persona*, pubblicazioni della Scuola di Specializzazione in Diritto Civile dell'Università di Camerino, al cuidado de Pietro Perlingieri, n. 69, Edizioni Scientifiche Italiane, Nápoles, 1992, p. 12.

36 Busnelli, Francesco Donato, *Il danno biologico. Dal «diritto vivente» al «diritto vigente»*, p. 288.

37 Gentile, Guido, voz *Danno alla persona*, p. 635.

38 Ponzanelli, Giulio, *Il commento* a la ordenanza del Juez de Paz de Turín del 30 de noviembre de 2009, en: Danno e responsabilità, n. 04, Ipsoa, Milán, 2012, p. 447.

La afirmación de Gentile, que consideraba que la «*ganancia es el parámetro del daño a la persona*», como cuarto aspecto del planteamiento de nuestro autor, es en consideración de Francesco Donato Busnelli, una premisa que no reina más en la valoración del daño: «*El daño es considerado en relación a la pérdida económica que deriva en el lesionado por una determinada modificación peyorativa de su capacidad laboral, la ganancia, que de esta representa la numérica expresión patrimonial, constituye la medida, como el balance que nos ofrece la medida del peso*»[39].

Actualmente, la aplicación de las diversas modalidades del daño a la persona sirve para desplazar el centro de la problemática de un daño parametrado en la ganancia a un daño «*valor hombre*» en su concreta dimensión, que no es reconducible solamente al aspecto de producción de riqueza, sino está relacionado al conjunto de las funciones existenciales de la persona[40]. Asimismo, como ha sido resaltado por otra voz importante de la doctrina peninsular, los jueces deben tener una gran sensibilidad para apreciar el perjuicio existencial de las víctimas, que debe influenciar los ordenamientos jurídicos de los diversos países[41].

No obstante, el aporte de Gentile es muy notable y actual, pues, como anota nuevamente Busnelli[42], incidió, dentro de la reparación de los daños a la persona, en la presencia de una valoración equitativa de la misma, por cuanto «*ésta debe ser seguida con moderación, respondiendo a la incerteza de la cuantificación del daño, vale decir, dentro de los límites más restringidos de lo que resultaría de su abstracta contemplación normativa, con un descarte mayor cuanto más incierta y menos concreta es su demostración*»[43].

5. Balance de las contribuciones de Gioia, Gerin y Gentile

Las contribuciones de Melchiorre Gioia, Cesare Gerin y Guido Gentile, aunque con muchos vacíos y omisiones, explicable como

---

[39] Gentile, Guido, voz *Danno alla persona*, p. 637.

[40] Busnelli, Francesco Donato, *Il danno risarcibile: problemi e prospettive*, en: Nuovi orientamenti e nuovi criteri per la determinazione del danno (danno biologico, danno morale, danno alla vita di relazione), Trevi, 30 giugno-1 luglio 1989, Quaderni del Consiglio Superiore della Magistratura, n. 41, 1990, p. 15.

[41] Visintini, Giovanna, *La circolazione delle giurisprudenze*, en: Contratto e impresa, n. 01, año XXVII, Cedam, Padua, 2011, p. 81.

[42] Busnelli, Francesco Donato, *Il danno biologico. Dal «diritto vivente» al «diritto vigente»*, p. 304.

[43] Gentile, Guido, voz *Danno alla persona*, p. 678.

productos de su época, se constituyen como pioneras reflexiones sobre la reparación de los daños a la persona. Se halla en ellos y en sus aportes los cimientos de los desarrollos posteriores de las diversas escuelas jurídicas italianas en materia de derecho de daños.

Sus obras, en mayor o menor medida, reflejaron la exigencia de substraerse, en la valoración de los daños a la persona, de la productividad económica del hombre, concentrándose en el valor «humanidad» del sujeto de derecho, que descubre el nuevo rumbo de la historia y del Derecho: la humanización del derecho positivo y de los ordenamientos jurídicos de las diversos países[44], así como la necesidad que la persona retorne a ser el centro de toda imposición de juridicidad[45].

---

[44] Fernández Sessarego, Carlos, *Deslinde conceptual entre «daño a la persona», «daño al proyecto de vida» y «daño moral»*, en: Studi di onore di Cesare Massimo Bianca, tomo IV, Giuffrè editore, Milán, 2006, p. 824.

[45] Burgos, Osvaldo R., *Será ficción. De Hamlet, Nietzsche y la (in) justicia del ser representado. El Derecho en la sociedad desestructurada*, Estudios de pensamiento jurídico occidental, Rosario, 2008, p. 156.

CAPÍTULO II
LA FORMULACIÓN DEL «DAÑO BIOLÓGICO» POR LA ESCUELA GENOVESA

El punto de partida de las reflexiones de la Escuela jurídica del daño a la persona desarrollada en Génova se puede ubicar en la sentencia del 25 de mayo de 1974 del Tribunal de dicha ciudad, en el caso *Rocca C. Ferrarese*, que fue sostenida y apoyada por juristas y estudiosos de la Universidad de Génova, entre los que se encontraban Mario Bessone, Guido Alpa[46] y Vincenzo Roppo[47]. En este pronunciamiento, los jueces genoveses, sosteniendo una «*explícita toma de consciencia*», interpretaron el artículo 2059 del código civil italiano[48], con referencia solo a los aflicciones del estado de ánimo y además basándose en el artículo 32[49] de la constitución que tutela la salud, hicieron ingresar el denominado el «*daño biológico*» en la categoría del daño injusto, según el artículo 2043 del código civil itálico[50]. En particular, fue afirmada la distinción entre las consecuencias patrimoniales del evento lesivo y la lesión de la integridad psicofísica en sí y por sí considerada, por «*liquidarse en términos exactamente iguales para todas las personas, salvo teniendo en cuenta las res-*

---

46 Para una síntesis de los aportes de la Escuela Genovesa, véase a Alpa, Guido y Bessone, Mario, *I fatti illeciti e la responsabilità civile*, en: Tratatto di diritto privato, dirigido por Pietro Rescigno, volumen XIV, Utet, Turín, 1982, p. 403 y ss.

47 Sentencia del Tribunal de Génova, 25 de mayo de 1974, en: *Giurisprudenza Italiana*, I, n.2, pág. 54, con comentario adhesivo de Mario Bessone y Vincenzo Roppo, *Lesione dell'integrità fisica e «diritto alla salute». Una giurisprudenza innovatica in tema di valutazione del danno alla persona.*

48 El cual estipula que «*el daño no patrimonial debe ser resarcido solo en los casos determinados por la ley*».

49 Establece lo siguiente: «*La República protege la salud como derecho fundamental de la persona e interés básico de la colectividad y garantiza asistencia gratuita a los indigentes*».

50 Monateri, Pier Giuseppe; Bona, Marco y Oliva, Umberto, *Danno biologico: cenni introduttivi*, en: Il nuovo danno alla persona. Strumenti attuali per un giusto risarcimento. Dalla riforma proposta dall'ISVAP all'adeguamento all'Europa, Giuffrè editore, Milán, 1999, p. 2.

pectivas edades». En efecto, evidente se presentaba la preocupación de poner a la luz la autonomía del denominado «*daño biológico*», respecto a las consecuencias patrimoniales de la lesión[51].

A esta se sumaron importantes pronunciamientos genoveses entre 1974, 1975 y 1976, en que se afinó y perfiló el modelo genovés de daño a la persona.

Las primeras sentencias genovesas evidenciaron, en modo diáfano, el conflicto de dos modelos interpretativos del mismo fenómeno, que asumieron, por definición estipulativa, la denominación de «*daño biológico*». Ambas perspectivas, más restrictiva una, más «liberal» la otra, si se contempla en la perspectiva de una progresiva ampliación del área del daño resarcible, reflejaron temas y problemas que hoy se encuentran bastante vivaces en el debate en la materia sobre el rol y la función de la responsabilidad civil[52].

En efecto, se manifiesta en el problema que las sentencias resuelven en modo opuesto no consiste solamente en la posibilidad de multiplicar las hipótesis de aplicación del artículo 2043 del código civil italiano[53] y de asignar a la fórmula del «daño injusto» contenidos nuevos y más amplios de los que tradicionalmente reservados (especialmente, comprensivos de la lesión de la «salud» individual), ni se agota en la admisibilidad de una revisión de los esquemas y de los parámetros acostumbrados de valoración del daño a la persona, sino invirtiendo problemas de más extenso alcance, referidos a la aplicación directa de las normas constitucionales (y, en particular, del artículo 32 de la constitución italiana) a la disciplina de las relaciones inter-privados, relativos a la misma definición de «daño» o de la «lesión de un interés protegido» o «merecedores de tutela» o, aún, a la identificación de los criterios sobre la base de los cuales actúa la selección de los intereses apreciables en el juicio de responsabilidad[54].

En efecto, el desarrollo del «daño biológico» es emblemático de la suerte de aquellos conceptos que surgen para obtener determinadas finalidades y, realizando ello, pierden sus contornos originarios, son convocados a realizar finalidades diversas de las inicialmente propuestas, sufren una especie de mutación genética.

---

[51] Monateri, Pier Giuseppe, *Manuale della responsabilità civile*, Utet, Turín, 2001, p. 192.

[52] Alpa, Guido, *Il danno biologico*, segunda edición, Cedam, Padua, 1993, p. 10.

[53] El cual estipula que «*cualquier hecho doloso o culposo que ocasiona a otro un daño injusto obliga a quien ha cometido el hecho a resarcir el daño*».

[54] Alpa, Guido, *Il danno biologico*, p. 11.

Las finalidades originarias, a decir de la doctrina genovesa más eminente[55], fueron dirigidas a recuperar el valor constitucional de la salud en el ámbito de las técnicas de reparación del daño a la persona. En efecto, siendo el derecho a la salud una posición subjetiva garantizada a todos, sin diferencia de las clases sociales y de la capacidad de producir riqueza, los criterios de liquidación eran idénticos para todos. Preliminarmente, al daño que después se conocería como «biológico», se le asignaba también una tarea simplificada, por la cual absorbía todas las subvoces de daño que la fantasía o las circunstancias del caso habían inducido a los jueces a crear, como el daño estético o el daño a la vida de relación, el daño derivado del comprometimiento de la capacidad laboral genérica, etc.

En la mitad de los años setenta del siglo XX el panorama de la reparación de los daños a la persona presentaba, por un lado, una especie de jungla, con muchos espacios de confusión, en la cual la desigualdad era la regla y, por otro lado, se dejaba contemplar una nueva perspectiva, donde el orden y la igualdad podían tener espacio[56]. En este panorama, al daño moral en sentido estricto (entendido como afección del ánimo y sufrimiento) y al daño contra la esfera de producir riqueza de la capacidad laboral específica se presentaba, por ende, por mérito de la labor creativa de los jueces del Tribunal de Génova, una nueva voz omnicomprensiva, traducible en tablas de infortunio más modernas respecto a las utilizadas por la praxis asegurativa y, en ese momento, más beneficiosa para las víctimas y más gravosas para las causantes de los hechos dañosos (y, por ende, para sus aseguradoras). En efecto, significando que esta nueva voz de daño concernía indistintamente a todos los sujetos y protegía su salud, de tal forma, toma sustancia la concepción del «*daño biológico*» como producto de la ciencia médico-legal[57].

No cabe duda que el itinerario del daño biológico constituye una de las páginas más complejas de la historia de la responsabilidad civil o derecho de daños[58], con marchas y retrocesos, progresos

---

55 Alpa, Guido, *Manuale di diritto privato*, sexta edición, Cedam, Padua, 2009, p. 832.

56 Gallo, Paolo, *Il danno alla persona*, en: *Introduzione al diritto comparato*, volume secondo: *Istituto Giuridici*, tercera edición, G. Giappichelli editore, Turín, 2018, p. 551 y ss. Véase también Gallo, Paolo, *L'arricchimento senza causa, la responsabilità civile*, en: *Trattato di diritto civile*, VII, G. Giappichelli editore, Turín, 2018, p. 499 y ss.

57 Paradiso, Massimo, *Il danno alla persona*, Pubblicazioni della Facoltà di Giurisprudenza dell'Università di Catania, Giuffrè editore, Milán, 1981, p. 146 y ss.

58 Así lo ha resaltado el maestro Guido Alpa en su *premessa* a su clásica obra *Il danno biologico*, segunda edición, Cedam, Padua, 1993, p. X.

y dificultades, intervenciones de la Corte de Casación, de la Corte Constitucional y por obra de diversos tribunales e instancias judiciales de la península itálica, que actualmente se puede reconstruir esquemáticamente teniendo en consideración la tablas de liquidación del daño utilizadas por la judicatura italiana, que cada magistrado adopta para satisfacer las exigencias de reparación de las personas afectadas por las diversas situaciones peyorativas, por cuanto, como ha resaltado la más importante doctrina civilista francesa, la integridad psicofísica es el capital más preciado del hombre[59].

El reconocimiento del daño biológico no fue compartido por la jurisprudencia inmediatamente sucesiva y solo en 1979 se presentaron nuevos importantes impulsos, por parte de las cortes, que propugnaron la afirmación definitiva del daño biológico, por cuanto este perjuicio es relevante en sí, y diverso ya sea del daño moral propiamente dicho como de las consecuencias negativas de carácter patrimonial que, si subsisten, son autónomamente resarcidas[60].

Después de más de cuarenta años de su formulación, el panorama presenta aún diversas aristas por clarificar. Se han superado algunas problemáticas, como la cuestión de su concepción, siendo el daño biológico comprendido como la lesión psicofísica de la salud[61], valorada independientemente de la capacidad de producir riqueza del sujeto; la naturaleza de esta voz de perjuicio, que concierne a la esfera patrimonial del sujeto en sentido estricto[62]; su reparación, que es reconocida para cada sujeto, cualquiera sea su edad, rol social; su transmisión *iure hereditatis* en caso de muerte no instantánea de la víctima.

No obstante, han permanecido otros problemas y supuestos, como, por ejemplo, si al lado del daño biológico se pueden crear

---

59 Carbonnier, Jean, *La philosophie du dommage corporel*, en: *Droit et passion du droit sous la Ve République*, Flammarion, París, 2010, p. 159.

60 Bianca, Cesare Massimo, *Diritto civile*, tomo V: *La responsabilità*, segunda edición, reimpresión, Giuffrè editore, Milán, 2018, p. 194 y ss.

61 Alpa, Guido, *Nuovi aspetti della responsabilità civile*, en: Seminari di aggiornamento professionale (2005). I. Lex mercatoria: un dialogo con Francesco Galgano (12 ottobre 2005). II. I nuovi confini del diritto privato europeo (15 ottobre 2005). III. Il diritto italiano e il diritto latino-americano. Materiali degli incontri di Buenos Aires e Rosario (9 marzo 2006), al cuidado de Guido Alpa, Consiglio Nazionale Forense, Giuffrè editore, Milán, 2006, p. 117 y ss.

62 Alpa, Guido, *Che cos'è il diritto privato?*, segunda edición, editori Laterza, Roma-Bari, 2009, p. 109.

nuevos tipos de daño a la persona[63], derivados de un accidente automovilístico en la que ésta es víctima; si están legitimados a obtener la reparación en caso de fallecimiento también los convivientes de hecho; cuales deben ser los criterios por los que se deben reparar los daños; si es posible reconocer la reparación del daño biológico también en caso de accidentes en el trabajo y si puede ser objeto de compensación.

En efecto, la jurisprudencia italiana, atiborrada por una heterogeneidad en cada caso, que no se concentraban en el sector de la circulación automovilística o de los infortunios en el trabajo, sino también en el ámbito de las relaciones contractuales, en el ámbito de relaciones entre cónyuges y familiares, en el área genética y de responsabilidad médica[64], ha terminado por difuminarse en una serie de reglas dictadas por las diversas circunstancias de perjuicios. Particularmente, en vez de simplificarse, se han multiplicado las voces de daños reparables se han vuelto diversas: además del daño estético y el daño a la vida de relación, aún considerados frecuentemente como diversos al daño a la salud, se ha creado el daño por luto, el daño a la serenidad de la vida familiar, el daño por *mobbing*, el daño por pérdida de la relación parental y del goce de la vivencia con el cónyuge, denominado también como daño hedonístico, y así podría seguirse enunciando voces de perjuicios. No obstante, no podemos perder de vista lo anotado por una de las voces más autorizadas de la Escuela jurídica de Bolonia, en cuanto que el daño biológico ha permitido que en la persona víctima de este perjuicio sea concretizada la solidaridad social, mediante su reparación por las decisiones judiciales[65].

---

63 Preocupación manifestada ya por Giulio Ponzanelli en *La responsabilità civile. Profili di diritto comparato*, Il Mulino, Bolonia, 1992, p. 98.

64 Clásico, en la materia, es el libro del Prof. Carlos Fernández Sessarego *La responsabilidad civil del médico y el consentimiento informado*, Motivensa editora jurídica, Lima, 2011.

65 Franzoni, Massimo, *Il nuovo corso del danno non patrimoniale*, en: Contratto e impresa, n. 03, año XVIII, Cedam, Padua, 2003, p. 1203.

CAPÍTULO III
EL «DAÑO A LA SALUD» COMO CONTRIBUCIÓN DE LA ESCUELA PISANA

El Instituto de derecho privado de la Universidad de Pisa inició en 1975 una investigación sobre la tutela de la salud en el derecho privado y en 1978 fue publicado el volumen que recogió el resultado de la referida investigación[66].

El 10 de marzo de 1979 se formuló una sentencia por el Tribunal de Pisa, que hacía referencia al volumen citado y que del cual encuentra inspiración. En esta se estableció una necesaria valoración equitativa del perjuicio que el tribunal denomina como «daño a la salud». No obstante, al mismo tiempo se realizó una diáfana afirmación de la imposibilidad de prescindir de «una valoración diferenciada del daño, porque la única idónea, incluso en presencia de identidad de perjuicios psicofísicos, permitiendo un adecuado, caso por caso, de la entidad del resarcimiento a la concreta situación de daño». La solución planteada por la sentencia, si bien no desconociendo la exigencia de buscar *«un índice de valores medios por el cual hacer primaria referencia para la valoración de consecuencias de perjuicios suficientemente tipificadas»*, acogió el principio según el cual «la entidad del resarcimiento del daño a la salud... debe ser, en línea de tendencia, proporcional a la gravedad de los impedimentos económicos y sociales causados por el hecho lesivo»[67].

En la sentencia la liquidación efectuada por los jueces pisanos englobó las voces del daño derivado de la invalidez temporal y de breve permanencia, comprobada en la víctima por un examen mé-

---

[66] *Tutela della salute e diritto privato*, al cuidado de Francesco Donato Busnelli y Umberto Breccia, en: *Diritto e problemi contemporanei. Ricerche, rassegne, saggi*, recopilados por Pietro Rescigno, volumen II, Giuffrè editore, Milán, 1978.

[67] Sentencia citada por Francesco Donato Busnelli en *I primi fermenti giurisprudenziali* en: *Il danno biologico. Dal «diritto vivente» al «diritto vigente»*, p. 55.

dico, en un monto indemnizatorio en conjunto, en gran medida inferior a lo que era normalmente liquidado según las reglas, de ese entonces, del sistema por tablas de infortunio.

Con esta sentencia, nació una estrecha colaboración entre jueces y profesores universitarios pisanos, que se amplió a los médicos-legistas.

La década del setenta se concluyó con las sentencias de la Corte Constitucional italiana número 87 y 88 de 1979, además con un muy importante pronunciamiento de las Secciones Unidas de la Corte de Casación peninsular.

En las sentencias de la Corte Constitucional, en particular en la número 88 que, rechazando la demanda de ilegitimidad del artículo 2043 del código civil, afirmó que el derecho a la salud «*ciertamente es comprendido entre las posiciones subjetivas que deben ser tuteladas por la constitución, ya que el artículo 32 sirve para configurar el derecho a la salud como un derecho primario, absoluto, plenamente operante, incluso en las relaciones entre privados*».

En efecto, de esta referida calificación puede concluirse que la indemnización no puede ser limitada a las consecuencias de las violaciones incidentes en el aspecto de producir riqueza por parte de la víctima del daño, debiendo ésta comprender los efectos de la lesión al derecho a la salud, considerada como posición subjetiva autónoma, independientemente de toda otra circunstancia y situación.

En el pronunciamiento de las Secciones Unidas de la Corte de Casación, se proclama enfáticamente que «la salud, también y más allá de ser objeto de cuidado y de intervención por parte de la colectividad en general, está protegida en vía primaria, no condicionada y absoluta como modo de ser de la persona humana», agregando que «la transparente referencia al artículo 2 de la constitución explicita aún mejor el contenido que el tipo de la protección», que es la típica del derecho subjetivo o, mejor, del derecho absoluto. Por tanto, la salud antes de ser un interés de la colectividad, es un derecho fundamental del individuo, como afirma la Corte de Casación: «la protección se extiende a la vida asociada del hombre en los aspectos de las diversas agregaciones en las cuales esta se articula y en razón de su efectividad, a la preservación, en estos lugares, de las condiciones indispensables o también solamente propicias a su salud: ésta asume, en este modo, un contenido de socialización y de seguridad, por el cual el Derecho y la salud, más bien (o además) que cómo derecho a la vida y a la incolumidad física, se configura como derecho al ambiente salubre».

Estos esfuerzos de la doctrina y la jurisprudencia pisanas, encontraron, al finalizar la década de los años setenta del siglo XX[68], su consagración legislativa en la Ley número 833 del 23 de diciembre de 1978, instauradora del servicio sanitario nacional italiano. Ésta tuvo como objetivo primario predisponer los servicios necesarios para permitir la realización del derecho subjetivo de cada individuo a la tutela de su propia salud. En efecto, buscando tutelar «*mediante el servicio sanitario*» un «*fundamental derecho del individuo e interés de la colectividad*». La intención era dar concreta actualización a los principios del artículo 32 de la constitución que tutela la salud y de atribuir a ésta norma no más el significado reductivo y angostamente publicista de una simple «*dirección de carácter general dirigido a tutelar la salud pública mediante adecuadas formas de asistencia sanitaria pública*», sino la función de proclamar solemnemente que la salud, como modo de ser de la persona humana, tiene el contenido y goza de la protección del derecho subjetivo, como un derecho absoluto.

Respecto a la distinción, formulada por la doctrina italiana, entre el daño biológico y el daño a la salud, para el más renombrado pensamiento jurídico pisano[69], el jurista no puede no partir de una primera constatación: el daño biológico no es un concepto jurídico, sino un concepto que el jurista recibió de la medicina legal. En cambio, el daño a la salud es un concepto elaborado en el ámbito jurídico y también en el plano normativo.

Para Busnelli[70], el jurista no está en capacidad de brindar una propia contribución a la profundización del concepto de daño biológico. En efecto, resalta el maestro pisano, que los estudiosos prefieren utilizar las expresiones daño «*biológico*» (entre comillas) o del denominado daño biológico. El jurista utiliza dicciones que, en cuanto

---

68 Para un tratamiento analítico de la responsabilidad civil en Italia en los años setenta del siglo XX, véase Marini, Giovanni, *Gli anni settanta della responsabilità civile. Uno studio sulla relazione pubblico/privato (parte I-II)*, en: *Rivista critica di diritto privato*, volumen 26, fascículos 1 y 2, Jovene editore, Nápoles, 2008, pp. 23-65, 229-261.

69 Busnelli, Francesco Donato, *Danno biologico e danno alla salute: «modelli giurisprudenziali» a confronto*, en: *Il danno biologico. Dal «diritto vivente» al «diritto vigente»*, p. 104.

70 Busnelli, Francesco Donato, *Danno biologico e danno alla salute: «modelli giurisprudenziali» a confronto*, en: *Il danno biologico. Dal «diritto vivente» al «diritto vigente»*, p. 105.

«biológico», el daño debería concernir principalmente a los aspectos anatómicos y fisiológicos de cualquier ser viviente, utilizando la definición médico-legal de daño biológico como «perjuicio somato-psíquico» del individuo.

En tanto, el daño a la salud, como perjuicio derivado de la lesión del derecho a la salud, tiene directa referencia en la norma constitucional que «*tutela la salud como derecho fundamental del individuo*» (según lo establece el artículo 32 de la constitución italiana) y su natural vinculación con la legislación civil dirigida a brindar actuación a esta norma, comenzando con la citada ley instauradora del servicio sanitario nacional. Por ende, el referido concepto no puede no reflejar las profundizaciones dedicadas por la ciencia jurídica al principio establecido por el artículo 32 de la constitución.

El estudioso de esta materia debe, a juicio de Busnelli[71], distinguir conceptualmente entre las dos figuras de daño a la persona, a menudo inoportunamente confundidas entre ellos: el *daño biológico*, que se identifica con el perjuicio somato-psíquico, y que se presta a una valoración, por decirlo de alguna manera, estandarizada y conducida en los contornos parametrales en que la equidad tiende a coincidir con el automatismo. En tanto, el *daño a la salud*, que tiene por objeto la lesión de salud (comprendido en su más amplio significado constitucional) y que debe ser valorado caso por caso mediante criterios en que la equidad exige un atento examen entre exigencias de uniformidad en la valoración del evento lesivo y exigencias de concreción en la valoración de las consecuencias perjudiciales de este evento en el equilibrio psicofísico de la víctima.

Una singular paradoja, más aparente que real[72], se presentó en la sentencia de la Corte Constitucional número 184 de 1986[73]. Esta decisión se apreciaba claramente la distinción entre el daño biológico (comprendido como «evento-perjuicio de la integridad físico-psí-

---

[71] Busnelli, Francesco Donato, *Danno biologico e danno alla salute: «modelli giurisprudenziali» a confronto*, en: *Il danno biologico. Dal «diritto vivente» al «diritto vigente»*, p. 108.

[72] Busnelli, Francesco Donato, *Danno biologico e danno alla salute: «modelli giurisprudenziali» a confronto*, en: *Il danno biologico. Dal «diritto vivente» al «diritto vigente»*, p. 110.

[73] Procida Mirabelli di Lauro, Antonino, *Le trasfigurazioni del sistema di responsabilità civile nella giurisprudenza costituzionale*, en: *La responsabilità civile nella giurisprudenza costituzionale*, al cuidado de Mauro Bussani, Edizioni Scientifiche Italiane, Nápoles, 2006, pp. 86 y ss.

quico») y el daño a la salud (entendido como «daño jurídicamente valorado»), insistiendo en la «dimensión naturalista» del primero, cuya reparación, por sí, «constituye un primer, esencial, prioritario resarcimiento», pero, posteriormente, perfilándose «el temor de una excesiva uniformidad de determinación y liquidación del daño biológico», recordando que «la reciente jurisprudencia de mérito que asume el citado criterio liquidatorio debe responder, de un lado, a una uniformidad pecuniaria de base (el mismo tipo de lesión no puede ser valorado en manera del todo diversa de sujeto a sujeto; y, en efecto, la lesión en sí y por sí considerada, que es resaltada...) y, por otro lado, por la elasticidad y la flexibilidad, para adecuar la liquidación del caso en particular a la efectiva incidencia de la comprobación del perjuicio sobre las actividades de la vida cotidiana».

La jurisprudencia citada por la sentencia de la Corte Constitucional es la del «modelo pisano», lo que confirma una elección paradojalmente más nítida, cuanto más evanescente y opinable, se evidencia el ambicioso esfuerzo dogmático de basarse en «*una nueva lectura constitucional de todo el sistema del código sobre el ilícito civil*», procediendo de la «*combinación dispuesta de los artículos 32 de la constitución y 2043 del código civil*».

CAPÍTULO IV
LOS APORTES DE LA ESCUELA TURINESA

La Escuela jurídica turinesa es conocida internacionalmente por sus aportes al desarrollo del derecho comparado[74]. La obra jurídica del profesor Rodolfo Sacco y sus discípulos Pier Giuseppe Monateri, Gianmaria Ajani, Michele Graziadei, Paolo Gallo, Raffaele Caterina, y otros grandes juristas que si bien actualmente no enseñan en la universidad turinesa o que lamentablemente ya no están físicamente con nosotros, han sido formados por el mismo maestro Sacco, como Antonio Gambaro, Attilio Guarneri, Paolo Cendon, Marco Guadagni y Francesco Castro, han renovado los estudios comparatistas[75], enriqueciendo la moderna ciencia jurídica, especialmente todo el conjunto del derecho privado[76].

En el campo de la responsabilidad civil, especialmente en materia del daño a la persona, dentro de la Escuela turinesa, destaca magistralmente los aportes del Prof. Pier Giuseppe Monateri. En efecto, desde 1984 con su notable libro *Il quantum nel danno alla persona*[77], el célebre comparatista y civilista piamontés ha estudiado y rea-

---

[74] Rodolfo Sacco, el adalid de la Escuela turinesa, ha recordado que en el 2003 el Comité internacional de derecho comparado (órgano directivo de la Asociación internacional de las ciencias jurídicas) ha declarado que «*Turín es la capital mundial del derecho comparado*». Sacco, Rodolfo, *Comparatisti italiani, al lavoro!*, en: Rivista giuridica dell'Istituto Subalpino per l'analisi e l'insegnamento del diritto delle attività transnazionali (ISAIDAT), n. 01, año I, Turín, 2010, p. 01.

[75] Para una síntesis integral del aporte comparatista italiano, preciosas son las páginas escritas por Pier Giuseppe Monateri en *Critique et différence: le droit comparé en Italie*, en: Revue internationale de droit comparé, volumen 51, n°4, *Société de Législation Comparée*, París, octubre-diciembre de 1999, pp. 989 y ss.

[76] Lo ha resaltado la gran comparatista francesa y estudiosa del derecho internacional privado, Horatia Muir-Watt en su *La fonction subversive du droit comparè*, en: Revue internationale de droit comparé, volumen 52, n°3, *Société de Législation Comparée*, París, julio-septiembre del 2000, pp. 505 y ss.

[77] Monateri, Pier Giuseppe y Bellero, Augusto, *Il quantum nel danno alla persona*, primera edición, Giuffrè editore, Milán, 1984. La segunda edición es de 1989.

lizado diversos aportes en materia de derecho de daños. Esta obra se constituyó en una de las primeras búsquedas en doctrina de parámetros para la reparación de los daños a la persona.

Para el Prof. Monateri, el estudio del daño a la persona exige hacer referencia a cuatro tipologías del daños, no importando si estos son asumidos como reparables: a) *El daño a salud psicofísica con reflejos pecuniarios*: en tanto lesiones a la persona, que se traducen en una serie de desembolsos pecuniarios, o que tienen, de alguna forma, repercusiones en el rédito futuro de la víctima del daño; b) *Los daños a la salud psicofísicas independientes de reflejos pecuniarios*: constituidos por lesiones a la persona que se traducen en una serie de lesiones psicofísicas individuales y, por ende, en una serie de minusvalías objetivas para el sujeto lesionado, en sí mismas consideradas, sin hacer referencia a sus reflejos negativos en el patrimonio o en el rédito de dicho sujeto; c) *Daños por sufrimientos (considerados independientemente de las lesiones en sí mismas a la salud psicofísica) con reflejos pecuniarios*: aflicciones, dolores, perturbaciones que se traducen en ganancias frustradas y que, de alguna forma, tienen una influencia negativa en el rédito monetario del damnificado; d) *Daños por sufrimientos independientes de reflejos pecuniarios*: aflicciones, padecimientos de ánimo, dolores considerados en cuanto tales, que no se traducen en consecuencias monetarias negativas[78].

Es importante también la contribución de la Escuela turinesa, en particular los trabajos del Prof. Monateri, en el sostenimiento del daño existencial. En efecto, los trabajos de Monateri y su Escuela se caracterizan por una aproximación al daño existencial que no postula el carácter de macro-categoría de esta voz de daño necesariamente comprensiva también del daño biológico, al cual consideran que se pone al lado del perjuicio existencial, englobando cualquier daño de género no-económico, comprendidas eventuales repercusiones en orden psíquico, confinadas más allá de consecuencias por enfermedad.

De este modo, los piamonteses diseñaron un cuadro normativo funcional a la reacción de toda agresión injusta y anunciaron un cambio en negativo de los valores del individuo, productor de un determinado daño. El daño existencial o «*daño no patrimonial*

[78] Monateri, Pier Giuseppe, *La responsabilità civile*, en: *Trattato di diritto civile,* dirigido por Rodolfo Sacco, Utet, Turín, 1998, pp. 475 y ss.

civilista»[79] se desvincula, para los turineses, de las limitaciones tradicionales del artículo 2059 del código civil italiano, y se distingue también del «daño moral por delito» (producto de la conjugación del artículo 2059 del código civil y el artículo 185[80] del código penal italiano). A diferencia de la Escuela triestina, que veremos en breve, los juristas turineses conciben el daño existencial como un perjuicio en la esfera del «*hacer*» y del «*sentir*» del individuo, en tanto «suma de repercusiones relacionales de signo negativo», vinculada a la lesión injusta de un interés de la víctima, mientras que el daño moral por delito en tanto «suma de repercusiones relacionales de signo negativo»[81], vinculada a la lesión injusta de un interés de la víctima, se relaciona, más bien, al tipo de conducta desarrolla por el productor del daño (posible de reconducirse a la concepción de sanción penal/pena privada).

Los turineses no resaltan la relevancia de la cuestión terminológica, porque, más allá del *nomen* atribuido a la categoría descriptiva de la obligación resarcitoria no patrimonial, estos consideran esencial solamente la activación de un sistema funcional a reactuación el hecho ilícito, reconociendo una reparación *tout court* de los daños sufridos por el sujeto lesionado (incluso no negando que, por motivos solo de «orden lexical», pudiese resultar oportuno colocar los diversos perjuicios de daño en una categoría unitaria, la del daño existencial).

En efecto, para la Escuela turinesa el daño existencial se introduce en un particular recorrido evolutivo *in fieri*, cuyo tratamiento se encuentra en el sistema reparatorio de un esquema normativo bipolar (artículos 2043-2059 del código civil) hacia un modelo mono-normativo al estilo francés, en que todos los perjuicios no patrimoniales podrían resultar reparables dentro del formante de la injusticia.

---

[79] También se debe a la Escuela turinesa la concepción del daño existencial comprendido como efectivo empeoramiento comprobable de las propias condiciones de existencia. Véase, al respecto, Monateri, Pier Giuseppe, «*Alla soglie*»*: la prima vittoria in cassazione del danno esistenziale*, en: Danno e responsabilità, n.8-9, Ipsoa, Milán, 2000, p. 837.

[80] El cual estipula que: «*Todo delito obliga a las restituciones, según las normas del derecho civil.*
Todo delito que hubiere ocasionado un daño patrimonial o no patrimonial, obliga al resarcimiento, tanto al culpable cuanto a las personas que, de acuerdo con las normas del derecho civil, deben responder por los hechos del culpable».

[81] Monateri, Pier Giuseppe, *Verso una teoria del danno esistenziale*, en: *Il danno esistenziale. Una nuova categoria della responsabilità civile*, al cuidado de Paolo Cendon y Patrizia Ziviz, Giuffrè editore, Milán, 2000, p. 720.

Consecuentemente, el daño existencial es concebido bajo dos diversas perspectivas: de un lado, la de la inmediata aplicación práctica, en la cual se atiende a los límites del sistema reparatorio en que se presentan. Éste no desarrollaba solo una función puramente descriptiva, sino absolvía una necesidad del ilícito civil, poniéndose a lado, en una lógica diáfana, a la categoría del daño biológico y del daño moral e interactuando con los mismos, sobre todo en las hipótesis de cuantificación del daño, en un sistema de vasos comunicantes, por otro lado, la perspectiva futura, en que no se excluía que este supuesto de hecho de daño (sino también el daño biológico y el mismo daño moral) pudiese transformarse en una figura de daño necesaria en el sistema del ilícito civil, como categoría descriptiva de algunas particulares tipologías de perjuicio no económico, en cuanto tal útil y oportuna en una lógica clara y funcional, óptima de valorizar todos los perjuicios sufridos por la víctima (en el ámbito de una liquidación analítica de estos).

Significativo también son los aportes del Prof. Paolo Gallo de la Universidad de Turín. De acuerdo este jurista, el resarcimiento del daño biológico a la persona puede ser exigido en primera sede a nivel de apelación, si se había requerido el resarcimiento del daño no patrimonial.

En algunos casos, la jurisprudencia ha admitido, de acuerdo a lo señalado por Gallo, el resarcimiento del daño biológico también en materia de responsabilidad contractual. El resarcimiento del daño biológico tiene un alcance omnicomprensivo, comprendiendo también los perjuicios de tipo (daño) existencial, salvo el caso de exigencia de personalizar la reparación, sea del daño moral como del daño existencial[82].

---

[82] Gallo, Paolo, *L'arricchimento senza causa, la responsabilità civile*, en: *Trattato di diritto civile*, VII, G. Giappichelli editore, Turín, 2018, p. 508.

CAPÍTULO V
LA CONTRIBUCIÓN DE LA ESCUELA DE BOLONIA

Los aportes de la Escuela jurídica de la Universidad más antigua del mundo, la *Alma Mater Studiorum-Università di Bologna*, al desarrollo del daño a la persona son muy notables y se concentran, especialmente, en los trabajos del recordado maestro Francesco Galgano y de su discípulo, el profesor Massimo Franzoni.

Francesco Galgano, considerado internacionalmente como uno de los más importantes juristas italianos de todos los tiempos[83], que con sus contribuciones en el derecho comercial y civil, han renovado ambas disciplinas jurídicas y no solo en Italia, con su ensayo *Le mobili frontiere del danno ingiusto*[84] destaca que el daño biológico es reparable, en tanto daño injusto, independientemente de su calificación como daño patrimonial o como daño no patrimonial. Para el maestro de Bolonia, el daño biológico era considerado como la lesión de la integridad psicofísica de la persona, como bien protegido en sí y por sí (según lo dispuesto por el artículo 32 de la constitución italiana) e independientemente de la capacidad de la persona de producir riqueza. Por ello, quién haya sufrido una invalidez, contemporánea o permanente, es reconocido la reparación del daño biológico, liquidado con criterio equitativo y, según la práctica de los tribunales, en medida al triple de la pensión social[85].

---

[83] «*A Francesco Galgano se deben las páginas más hermosas que registre la literatura jurídica de los últimos tiempos*», como indica el jurista argentino Horacio Roitman en *Francesco Galgano. Su obra jurídica*, La Ley, año LXIX, nº 185, Buenos Aires, jueves 22 de setiembre de 2005, p. 01.

[84] Galgano, Francesco, *Le mobili frontiere del danno ingiusto*, en: Contratto e impresa, n. 01, año I, Cedam, Padua, 1985, p. 01.

[85] Galgano, Francesco, *Istituzioni di diritto privato*, segunda edición, Cedam, Padua, 2002, p. 337.

Su discípulo, el Prof. Massimo Franzoni, a partir de sus estudios jurídicos, publicados muchos de ellos en la prestigiosa revista *Contrato e impresa*[86], dirigida precisamente por Galgano (que se remontan a la década de los ochenta del siglo pasado) ha considerado que el advenimiento del daño a la persona, en sus modalidades de daño biológico y daño a la salud, contrariamente a mercantilizar a la persona, se demuestran como el modo más adecuado a la necesidad de la valoración de la persona humana. En cuanto al daño a la salud, en opinión de Franzoni, éste representa la forma más evolucionada de comprensión de las lesiones que atentan contra la persona en todas sus manifestaciones no vinculadas a la capacidad de producir rédito[87].

Para la Escuela de Bolonia, el daño a la persona es uno de los temas que ha llamado mayor atención entre los juristas italianos[88]. La función de la doctrina, indica Franzoni[89], es precisamente la de observar, organizar y seleccionar el material de datos y de ideas que surge de la casuística judicial, pues, como es conocido, el nacimiento del daño biológico o daño a la salud ha nacido por obra jurisprudencial.

Asimismo, el desarrollo del daño a la persona puede considerarse, señala nuevamente la Escuela de Bolonia, como una victoria de la doctrina, la cual desde hace mucho había indicado lo inadecuado del tradicional método por medio de tablas y había sugerido fundar los criterios para la liquidación del daño a la persona en el concepto de «validez», en vez de la capacidad laboral y de producción de rédito. Después de las sentencias genovesas, que presentaron el problema de la reparación del daño biológico, se ha establecido un diálogo constructivo entre doctrina y jurisprudencia, que ha conducido a la definitiva afirmación de esta categoría de daño.

En esta compleja perspectiva, de la cual ha nacido esta especie de daño, la Corte Constitucional italiana desarrolló una importante,

---

86 Franzoni, Massimo, *Danno morale*, en: Contratto e impresa, n. 01, año VI, Cedam, Padua, 1990, pág. 307 y ss; del mismo maestro de Bolonia, *Il nuovo corso del danno non patrimoniale*, en: Contratto e impresa, n. 03, año XVIII, Cedam, Padua, 2003, pp. 1193 y ss.

87 Franzoni, Massimo, *Danno biologico e danno alla salute negli studi recenti*, en: Contratto e impresa, n. 03, año III, Cedam, Padua, 1988, p. 882.

88 Franzoni, Massimo, *Los derechos de la personalidad, el daño existencial y la función de la responsabilidad civil*, en: *La persona*, volumen IV, Biblioteca «Observatorio de derecho civil», Motivensa editora jurídica, Lima, 2010, pp. 122 y ss.

89 Franzoni, Massimo, *Danno biologico e danno alla salute negli studi recenti*, p. 883.

e insólita, función que ha consistido en la atribución confirmada, siguiendo el camino trazado por algunas sentencias de las cortes de mérito peninsulares. Ciertamente, en la fase inicial de la creación del daño biológico, existía una gran incertidumbre sobre el contenido, sobre los límites y sobre todo en la admisibilidad de esta especie de daño. Antes de proceder en la elaboración de la noción de daño a salud, faltando el mínimo suporte normativo, las cortes de mérito habían considerado la necesidad de tener un respaldo en su actuación.

Como indica nuevamente Franzoni[90], haber otorgado ingreso a la tutela de la figura del derecho a la integridad psicofísica, demuestra nuevamente como el artículo 2043 del código civil italiano se prestaba a una utilización amplia o dúctil respecto a las cambiantes exigencias de la sociedad post-industrial[91]. En otros términos, los que aún resisten negar la injusticia prescrita por el artículo 2043 del código civil, como cláusula general, encuentran una posterior contrariedad por obra de los hechos. Ciertamente, según notables desarrollos de la jurisprudencia, el objeto de la tutela, que se expresa brindando ingreso al daño biológico, es el derecho a la salud directamente protegido por la constitución italiana.

Franzoni[92], compartiendo la posición esgrimida por Francesco Donato Busnelli, ya citado líneas arriba, considera al derecho a la salud como la fuente de legitimación del daño biológico y, por ende, el terreno en el cual debe concentrar su atención el jurista no es la noción de daño biológico, producto de la medicina legal, sino la del daño a salud, que encuentra en la constitución su fuente de tutela. Resalta, por ende, el maestro italiano la necesidad de acoger la definición del término «*salud*» proporcionada por la Organización Mundial de la Salud, en una perspectiva más amplia de bienestar integral del individuo, en sus ámbitos psíquico, físico y moral. De este modo, el daño a la salud ha servido para ampliar el área del daño a la persona, reorganizar su método de liquidación y con la precisa tarea de reducir la duplicación de las voces de daños reparables.

Enseña la Escuela de Bolonia que el daño a salud representa una ampliación del área del daño reparable y la ampliación del catálogo de los intereses objeto de la tutela, debido a que valoriza la utilidad no vinculada a la producción de riqueza por parte de la

---

90 Franzoni, Massimo, *Danno biologico e danno alla salute negli studi recenti*, p. 884.
91 Franzoni, Massimo, *Danno biologico e danno alla salute negli studi recenti*, p. 884.
92 Franzoni, Massimo, *Il danno alla persona*, Giuffrè editore, Milán, 1995, p. 226.

víctima del daño y coadyuva a rediseñar el mapa para calcular y liquidar el perjuicio, ya que tiende a eliminar, por absorción, algunos tipos no bien definidos y definibles de daño como el daño a la vida de relación, el daño estético, el daño a la capacidad laboral genérica, el daño a la esfera sexual, etc.[93]. Subraya Franzoni[94], que en sus orígenes del daño biológico nació para corregir y eliminar las disparidades de tratamiento creadas por el sistema tradicional de la liquidación del daño a la persona dirigida por los automatismos de las tablas vinculadas a la producción del rédito, a la edad, al sexo, a la capacidad laboral, etc. Precisamente, por obra de la jurisprudencia de legitimidad, se afirmó que el daño biológico, en cuanto lesivo del derecho a la salud, debe ser reparado incluso cuando no incida en la capacidad de producir riqueza.

93 Franzoni, Massimo, *Il danno alla persona*, p. 227.

94 Franzoni, Massimo, *Danno biologico e danno alla salute negli studi recenti*, p. 885.

CAPÍTULO VI
LA APARICIÓN DEL «DAÑO EXISTENCIAL» COMO CONTRIBUCIÓN DE LA ESCUELA TRIESTINA

Después de la creación del daño biológico y los desarrollos del daño a la salud, el sistema de tutela reparación de los daños a la persona sufrió por una profunda evolución, mediante el acogimiento de estas categorías de daño, se fue alejando la perspectiva patrimonialista que se encontraba en la base del modelo tradicional de responsabilidad civil.

Esta transformación representa solo el primer paso a un más amplio proceso de evolución de la institución, según lo dispuesto por el artículo 2043 del código civil italiano y el actual panorama que muestra la jurisprudencia, en un constante instrumento de supuestos de hecho, de inéditas situaciones de daño, respecto a lesiones susceptibles de perjudicar la esfera ordinaria de la víctima[95]. Por ello, se propugnó la idea que la responsabilidad civil debía superar los modelos del pasado, en cuya nueva visión encuentran lugar las dimensiones perjudiciales anteriormente olvidadas, es decir (y no solamente en el aspecto biológico, sino también respecto a las prerrogativas diversas de la salud o de la integridad psicofísica) la esfera «existencial» del hombre. «*El hacer no productor de riqueza*» no es lo mismo que antes, aunque pueden utilizarse otras locuciones recurrentes: las actividades realizadoras de la persona humana, la perturbación de la agenda cotidiana, una diversa relación con el tiempo y el espacio, la renuncia forzada a situaciones felices.

---

[95] Ziviz, Patrizia, *L'evoluzione del sistema di risarcimento del danno*, en: Rivista critica del diritto privato, año XVII, n.01-02, Jovene editore, Nápoles, junio de 1999, p. 88.

En síntesis, el empeoramiento de la calidad de la vida de la persona[96]. Es este el panorama en donde se formula el denominado «daño existencial».

En efecto, el daño existencial, como nueva subespecie de daño a la persona, es un perjuicio que afecta la plena esfera del «valor hombre» comprendido en su complejidad, que nace y se desarrolla a partir de los años noventa del siglo XX, producto de la Escuela jurídica que tiene su centro en Trieste, cuyo adalid es el Prof. Paolo Cendon.

No obstante, un sector de la doctrina italiana sostiene[97] que la categoría del daño existencial no es nueva como adjetivo, que ha sido frecuente en el léxico de la doctrina y de la jurisprudencia de épocas anteriores, la novedad se encuentra, más bien, en el hecho de presentarse como categoría autónoma, ya sea respecto al daño biológico como del daño moral.

Paolo Cendon nos recuerda que la idea del daño existencial se propugnó en algunas reseñas de jurisprudencia, publicadas en la *Rivista trimestrale di diritto e procedura civile*, en los primeros años noventa por el mismo Cendon, Luigi Gaudino y Patrizia Ziviz. En efecto, la categoría en referencia afloró progresivamente en las diversas reseñas elaboradas. Estas evidenciaban, siempre más a menudo, nuevas tipologías de perjuicios: a) que no tenían relación con el hacer o con un atentado a la salud; b) que se presentaban, en cuanto a sus repercusiones, como situaciones que no eran encasillables en el área patrimonial como en el daño moral[98].

No obstante, la historia oficial del daño existencial se remonta a 1994, cuando Patrizia Ziviz publicó un notable trabajo, reconocido como el punto de partida del debate sobre la categoría[99].

En su citado ensayo, la profesora Ziviz nos relata un interesante caso. En 1974 una mujer se dirigió a un hospital para someterse

96 Cendon, Paolo, *L'itinerario del danno esistenziale*, en: Giurisprudenza Italiana, n. 4, Utet, Turín, abril del 2009, pp. 1047 y ss.

97 Vittoria, Daniela, *Un «regolamento di confini» per il danno esistenziale*, en: Contratto e impresa, n. 03, año XVIII, Cedam, Padua, 2003, p. 1217.

98 Cendon, Paolo, *Non di sola salute vive l'uomo*, en: *Il danno esistenziale. Una nuova categoria della responsabilità civile*, al cuidado de Paolo Cendon y Patrizia Ziviz, Giuffrè editore, Milán, 2000, p. 08.

99 Ziviz, Patrizia, *Alla scoperta del danno esistenziale*, en: Contratto e Impresa, año X, núm. 2, Cedam, Padua, 1994, pág. 845 y ss; también en los *Scritti in onore di Rodolfo Sacco*: *La comparazione giuridica alle soglie del 3° millenio*, al cuidado de Paolo Cendon, volumen II, Giuffrè editore, Milán, 1994, p. 1300.

una cistoscopia. El examen médico fue practicado de manera negligente y devino en una serie de consecuencias negativas para la víctima. A tal punto, que fue necesario la extirpación del útero de la paciente.

Consecuentemente, la perjudicada exigió judicialmente al médico la reparación que, evidentemente, le correspondía, al resultar menoscabada su integridad física. No obstante, no solo realizó la demanda la víctima, sino el cónyuge de ésta, alegando que el hecho dañoso también le había ocasionado daños, que se manifestaban en la imposibilidad de mantener relaciones sexuales normales con su cónyuge, a partir de la lamentable situación.

Al concluir el proceso, el derecho del cónyuge a la reparación fue reconocido por la Corte de Casación italiana[100]. En la misma, se declara que «*el comportamiento doloso o culposo del tercero que ocasiona a una persona casada una imposibilidad para tener relaciones sexuales es inmediata y directamente lesiva (pues suprime) el derecho del otro cónyuge a estas relaciones; un derecho-deber recíproco, inherente a la persona, que forma parte de la relación conyugal, junto con otros de su misma especie. La supresión de dicho derecho, al menoscabar la persona del cónyuge en su desenvolvimiento en la familia, es de por sí resarcible, como un modo de reparación de la lesión de dicho derecho de la persona*».

No obstante, los magistrados no estuvieron seguros de la definición de qué daño se trataba. Estos dejaron señalado que no tenía carácter patrimonial ni no patrimonial, pero que era reparable, de todas formas, según lo prescrito por el artículo 2043 del código civil peninsular, que establece que todo hecho doloso o culposo que ocasiona a otro un daño injusto obliga a quien lo ha cometido a resarcir el daño.

Para Ziviz, en la situación referida, se manifestaba en los «reflejos peyorativos» que el cónyuge pareció en un aspecto significativo de su esfera «existencial»[101], importante para el mantenimiento de su equilibrio personal. Eran reflejos que tenían, asimismo, directa vinculación con el actuar médico, por lo que no era admisible replicar que el cónyuge podía relacionarse sexualmente con cualquier mujer, pues en fuerza del deber de fidelidad conyugal, establecido normativamente, un hombre casado puede considerarse obligado a

[100] Sentencia de la Corte de Casación italiana, del 11 de noviembre de 1986, en: *Il Foro Italiano*, volumen CX, I, Roma, 1987, pág. 833 y ss, con nota de Anna Maria Princigalli.

[101] Ziviz, Patrizia, *Alla scoperta del danno esistenziale*, p. 846.

desenvolver su vida amorosa exclusivamente con su esposa. Desde el momento en que ésta sufrió el impedimento fisiológico para la actividad referida, la posibilidad de ejercicio lícito de la esfera sexual por parte del cónyuge estaba condenada a deteriorarse.

La profesora Ziviz hace referencia en su ensayo de otros casos de indemnizaciones reconocidas por las cortes italianas en situaciones como las del daño derivado de la contaminación ambiental, del accidente de tránsito sufrido por un familiar, los daños ocasionados a una trabajadora que tuvo que abandonar su puesto laboral como consecuencia de demandar a su empleador por acoso sexual, indujeron a Ziviz a manifestar una tendencia de los jueces italianos en considerar reparables conductas perjudiciales comprometedoras de un conjunto de manifestaciones vinculadas con el actuar «no productor de riqueza» de las víctimas, es decir, con el desenvolvimiento «existencial» de las víctimas[102].

Asimismo, sostenía la jurista triestina que mediante la reparación de todo menoscabo concerniente a las «actividades realizadoras de la persona», se ha podido tutelar las modificaciones peyorativas de la dimensión existencial ocasionadas por una lesión a la salud, arribándose a estructurar de forma definitiva los aspectos no patrimoniales de un perjuicio, que son diversos del dolor[103].

Los trabajos del Prof. Paolo Cendon sobre la nueva voz de daño a la persona ha fortalecido la posición de Ziviz, quién ha desarrollado una diferenciación entre el daño existencial y las figuras tradicionales de perjuicio.

En efecto, para Cendon el daño existencial tendría las siguientes características[104]: a) una identidad que no es posible confundir con el modelo tradicional del daño patrimonial. El daño existencial no comporta la destrucción de bienes económicos, ni generan gastos que deben efectuarse, no existen cuentas bancarias que disminuyan, ni ganancias futuras que se vean afectadas. Se presenta, más bien, como una «normalidad» diversa de la víctima con sus semejantes y con las cosas, un «contacto menos provechoso»; b) Una fisonomía

---

[102] Ziviz, Patrizia, *Alla scoperta del danno esistenziale*, p. 862.

[103] Ziviz, Patrizia, *Il danno non patrimoniale*, en: Il diritto civile nella giurisprudenza, al cuidado de Paolo Cendon: La responsabilità civile, volumen VII, Utet, Turín, 1998, p. 376.

[104] Cendon, Paolo, *Non di sola salute vive l'uomo*, en: *Il danno esistenziale. Una nuova categoría della responsabilità civile*, pp. 10 y 11.

diversa de los paradigmas clásicos del daño moral.

En el daño existencial no concurren ni la melancolía, ni las lamentaciones nocturnas, ni las «almohadas bañadas en lágrimas», sino la alteración de una secuencia de dinamismos: un nuevo hacer o deber hacer, o un dejar de hacer; una forma distinta de relacionarse con el mundo externo: en la ciudad, en el barrio, el edificio, los medios de transporte, los servicios, los espacios para pasar el tiempo libre, etc.; c) Una capacidad de proyección de 360 grados, en el ámbito morfológico de las fuentes de daño, que lo coloca en condición de abarcar la totalidad del campo de las lesiones a la salud, las diversas hipótesis extra somáticas, y todas las demás que la experiencia jurisprudencial italiana documenta, así como los casos posteriores que el derecho comparado nos enseña. Por ende, el universo completo de la antijuridicidad (de las posiciones protegidas por el derecho privado) tiende, de este modo, a constituir el área de referencia del daño existencial; d) En el ámbito de la relación entre daño y consecuencia, el nuevo tipo de perjuicio se distingue por nombrar un atentado contra toda modalidad «realizadora» de la persona, con excepción de los entretenimientos de carácter ilícito o inmoral, pero sin ninguna exclusión de principio.

De este modo estarían comprendidas: las ocupaciones (las generadoras de rédito inclusivo), consideradas según la medida en la que un comprometimiento de las mismas fuera tal de implicar, adicionalmente, alteraciones existenciales negativas para el damnificado; las actividades extraeconómicas en sentido estricto (sin importar cuán nobles, frívolas o inocentes): peregrinajes, *jogging*, visitas a museos, periodismo no profesional, sesiones de gimnasia, voluntariado, torneos de *bridge*, participación en la banda de música de la municipalidad, *nouvelle cuisine*, viajes en avión, jardinería, reuniones patrióticas, recolección de hongos en el bosque, juegos de bochas, ventas de segunda mano, internet, ejercicios espirituales, discotecas, coleccionismo, pequeñas invenciones, herboristería, *shopping*, asistencia a universidades para la tercera edad, concursos de belleza, espeleología, visitas a los parientes, *bricolage*, coros religiosos, vídeo-aficiones, *body-building*, compañías de teatro para aficionados, preparación casera de mermeladas, competencias de baile, actividad política vecinal, TV interactiva, observación de aves (*bird-watching*), etc.; e) En el ordenamiento jurídico italiano, el régimen legal del daño existencial no tendría que ser confiado a la norma general sobre los daños no patrimoniales (el artículo 2059 del código civil, el cual establece que el daño no patrimonial debe ser resarcido solo en los casos establecidos por la ley, sino a la cláusula general de responsabilidad civil del artículo 2043 del código civil y a las normas vinculadas en la materia); f) Finalmente, como corolario de lo anteriormente expuesto, el daño existencial plantearía una acumulabilidad en el plano contable-procesal, dada su distancia del daño patrimonial y del daño moral puro. De tal modo, que las víctimas de estas situaciones perjudiciales podrían, en el momento de presentar su demanda, hacer una «cuenta final a tres voces»[105].

Para la profesora Ziviz, a diferencia del daño patrimonial, el daño existencial comporta repercusiones que no originan reflejos negativos en el patrimonio (comprendido en el sentido clásico del término), por otro lado, y a diferencia del daño moral, estas repercusiones se manifiestan en el plano concreto, y son susceptibles, por ende, de precisas comprobaciones (lo que no se presenta con los sufrimientos o dolores de carácter espiritual). Lo importante de esta nueva categoría sería la modificación negativa de las modalidades, mediante el cual el individuo desenvuelve su propia personalidad[106].

La jurista triestina propone un renovado esquema, a las figuras tradicionales del daño patrimonial y moral, se suma el daño existencial. Por ende, ya que esta última voz de daño se proyecta hacia el área no patrimonial, termina por representar el punto de sutura entre las dos visiones que dominaban, en el pasado, la materia del daño no patrimonial: tanto aquella que tiende a contemplar esta última categoría como un conjunto residual, cuanto aquella inclinada, en cambio, a identificarla con el malestar anímico[107].

Desde esta perspectiva, el daño existencial es equiparado al daño patrimonial y al daño moral, con el propósito de complementarlos y clarificarlos.

Entonces, el daño existencial vendría ser considerado un daño «*no patrimonial*» (aunque dejamos sentado que no estamos de acuerdo con esta denominación, por cuanto concentra la figura del daño en las cosas - el patrimonio - en vez de la persona como destinatario del Dere-

---

105 Cendon, Paolo, *Non di sola salute vive l'uomo*, en: *Il danno esistenziale. Una nuova categoría della responsabilità civile*, pp. 10 y 11.

106 Ziviz, Patrizia, *Il danno non patrimoniale*, p. 377.

107 Ziviz, Patrizia, *Verso un altro paradigma risarcitorio*, en: *Il danno esistenziale*: *Una nuova categoria della responsabilità civile*, al cuidado de Paolo Cendon y Patrizia Ziviz, Giuffrè editore, Milán, 2000, p. 47.

cho), que se sustrae, sin embargo, al sistema restrictivo de la reparación prevista por el artículo 2059 del código civil italiano.

Este perjuicio impide a la víctima el pleno desarrollo de su personalidad, objetivo prioritario en la tutela constitucional del individuo[108], por ello que sujetar esta voz de perjuicio a las restricciones previstas por el artículo 2059 del código civil pondría en evidencia el contraste de la norma con la constitución, y no solo en el perfil del artículo 2[109] de la Carta constitucional italiana, sino también en el artículo 3 de la misma.

La norma de referencia para la tutela del daño existencial es, por ende, la previsión general del artículo 2043 del código civil. En efecto, para que una posición subjetiva sea asistida por una garantía constitucional, debe tener «el mismo razonamiento que vale para el daño a la salud según lo establecido por el artículo 32 de la constitución, es decir en estos casos el daño no patrimonial debe ser reparado por el artículo 2043 del código civil, como especie del daño injusto[110].

Respecto al daño biológico, el daño existencial constituye un *genus* que comprende dos bajos-sectores fundamentales, el del daño existencial-biológico (lugar en el cual comprender las hipótesis efectivas de agresión a la salud) y la del daño existencial no biológico (espacio para situaciones perjudiciales inherentes a bienes diversos de la integridad psicofísica)[111].

---

108 Bilotta, Francesco, *Il danno esistenziale: l'isola che non c'era*, en: Danno e responsabilità, n.4, Ipsoa, Milán, 2001, pp. 399 y ss.

109 El cual dispone que: «*La República reconoce y garantiza los derechos inviolables del hombre, tanto como individuo, como en el seno de las formaciones sociales en las que desarrolla su personalidad, y exige el cumplimiento de los deberes inderogables de solidaridad política, económica y social*».

110 Monateri, Pier Giuseppe, *«Alla soglie»: la prima vittoria in cassazione del danno esistenziale*, p. 838.

111 Ziviz, Patrizia y Bilotta, Francesco, *Danno esistenziale: forma e sostanza*, en: Responsabilità civile e previdenza, año LXIX, fascículo 6, Giuffrè editore, Milán, 2004, p. 1309 y ss.

112 Una notable posición doctrinal ha sostenido, sobre el particular, que «el daño existencial no puede ser considerado voz agregada respecto a las otras voces de daño a la persona que en el tiempo la doctrina y la jurisprudencia han presentado. En efecto, el daño existencial es considerado como una categoría general capaz de comprenderlos todos, ya sea en el supuesto en que, a causa de la pérdida, se presente una lesión biológica, ya sea en el caso en que exista una lesión no biológica»: Bilotta, Francesco, *Il prisma del danno non patrimoniale*, en: *Responsabilità civile e previdenza*, año LXX, fascículos 4 y 5, Giuffrè editore, Milán, 2005, p. 1113.

Si bien teniendo algunos elementos de contacto, el daño biológico y el daño existencial se presentan como figuras diversas[112], y esta misma distinción se esgrime con relación al daño psíquico, ya que éste es siempre una lesión de la salud, cuando también la integridad mental de la víctima está comprometida, como consecuencia del dolor sufrido por un determinado ilícito.

Si las afinidades subsisten entre el daño biológico y el daño existencial, a mayor razón estas se presentan entre el daño moral y el daño existencial. Sin embargo, en la persistente búsqueda de los más netos límites de la figura, se resalta que el daño moral es esencialmente un sentir, donde el daño existencial impone un no hacer, el uno concierne por su naturaleza el interior de la persona, en la esfera de la emotividad, el otro concierne fuera del interior del sujeto, al tiempo y al espacio de la víctima.

De ello, se deriva que el daño existencial es, por su misma configuración, un daño-consecuencia y no un daño evento.

En efecto, los rasgos diferenciales entre el daño biológico, daño moral y daño existencial implican, como corolario teórico y práctico, la acumulabilidad, en la esfera de una misma víctima, de las diversas voces de daño.

No subsisten, por ende, con el daño existencial el tradicional sistema bipolar (daño patrimonial-daño no patrimonial), y tampoco el tripolar (daño patrimonial, daño no patrimonial, daño biológico), sino un sistema cuatripolar: a las tres categorías mencionadas se agrega la del daño existencial.

Respecto a las reglas operativas sobre el daño existencial, estas pueden esgrimirse de la siguiente manera general: respecto a la prueba del daño en cuestión, tratándose de un daño-consecuencia, debe considerarse prevalente el régimen de la presunción. En el hecho mismo de la lesión de un derecho de la persona, se encuentra en forma implícita normalmente el daño, es decir, en sustancia *res ipsa loquitur*[113].

En efecto, sobre esta última regla no podrá ser utilizada solo en

---

[113] Ziviz, Patrizia, *La valutazione del danno esistenziale*, en: Trattato breve dei nuovi danni. Il risarcimento del danno esistenziale: aspetti civili, penali, medico legali, processuali, al cuidado de Paolo Cendon, volumen III, Cedam, Padua, 2001, p. 2785 y ss.

relación a específicas o singulares consecuencias perjudiciales propugnadas por la víctima.

La cuantificación del daño existencial debe necesariamente confiarse al criterio equitativo, no siendo posible un cálculo matemático del valor destruido o deteriorado en la esfera de la víctima, como sucede en los daños de naturaleza patrimonial. Sin embargo, el juicio equitativo debe ser respetuoso de la función confiada a la reparación en cuestión, que no es satisfactiva, ni aflictiva, sino compensativa impropia. La suma liquidada por el juez puede, por ello, al mismo tiempo, ser presentada por la gravedad de la conducta lesiva (función aflictiva), y por el costo de las actividades que comprometen a la víctima.

Entonces, el juicio equitativo no puede excluir el necesario recurso a la casuística jurisprudencial de la misma materia o en otra afín.

Por otro lado, para algunos juristas que propugnan la reparación del daño existencial, éste no es sino «*hijo*» de la jurisprudencia constitucional, especialmente de la sentencia número 184 de 1986. En efecto, si la tutela del daño biológico nació de la combinación del artículo 2043 del código civil con el artículo 32 de la constitución, la tutela del daño existencial nace de la combinación del mismo artículo 2043 del código civil con otras previsiones constitucionales, que protegen derechos fundamentales de la persona.

En este punto, puede esgrimirse una diferencia entre el planteamiento del reconocimiento del daño existencial por parte de la Escuela turinesa y la triestina.

Para los juristas de Turín, que también con gran estímulo se han presentado como defensores de la nueva voz de daño, la relevancia del daño existencial reside en el rango constitucional de las situaciones protegidas, especialmente seleccionadas y extrapoladas de la genérica previsión del artículo 2 de la constitución, en especial referencia al derecho a la identidad personal, al derecho a la autodeterminación de la pareja, a la libertad religiosa y al derecho a las relaciones familiares. En orden a las situaciones subjetivas de segura protección constitucional sería irrazonable proporcionar a la víctima del daño una reparación limitada a los angostos límites del artículo 2059 del código civil.

En cambio, la escuela triestina defiende una categoría más vasta del daño existencial, como comprometimiento de toda actividad no productor de riqueza de la persona, comprensiva también de simples malestares idóneos a impedir el pleno desarrollo de la persona humana. A esta figura se reconducen hipótesis tantos de responsabilidad extracontractual como contractual, como el daño por *mobbing* del trabajador o las vacaciones arruinadas.

En el derecho italiano no han faltado voces que son contrarias a su reconocimiento. De acuerdo a este sector de la doctrina, las críticas al daño existencial se pueden dividir entre estructurales y funcionales. Las primeras conciernen a la admisibilidad teórica y fundamento normativo de la categoría, las segundas a su utilidad y posibilidades prácticas[114].

Siguiendo este sector doctrinal, las críticas que atacan la configuración del daño existencial, podrían resumirse en las siguientes: a) Esta voz de daño adolecería de indeterminación excesiva[115], puesto que con toda privación o renuncia a una actividad, se volvería reparable cualquier «capricho» de la víctima. La nueva noción expresaría no una exigencia objetiva del ordenamiento, sino una abstracta aspiración a la felicidad, cuya garantía no concerniría a la tradicional responsabilidad civil; b) En el sistema italiano, esta voz de daño, en cuanto se consideraría un perjuicio no patrimonial, no podría repararse sino en los casos a los que remite el artículo 2059 del código civil, es decir, cuando concurriera una hipótesis de delito penal. Si se puede afirmar la reparabilidad de este tipo de daño fuera del esquema de esta norma significa, por ende, soslayar el contenido de ésta.

Se postula, asimismo, que el daño existencial consiste propiamente en una renuncia no deseada a realizar una actividad o acto que se realizaba con frecuencia. Este perjuicio existencial, por ende, no consiste en sufrir, ni en lagrimear, sino en un no hacer forzosamente inducido por el hecho ilícito de tercero. Respecto a la postulación de un atentado contra el artículo 2059 del código civil, se replica que es necesaria una toma de conciencia sobre la crisis que atraviesa la dicotomía tradicional daño patrimonial-daño no patrimonial, luego de la llegada del daño biológico. En efecto, tam-

---

[114] Rossetti, Marco, *L'inutilità del danno esistenziale*, en: *Il risarcimento integrale senza il danno esistenziale*, al cuidado de Giulio Ponzanelli, Cedam, Padua, 2007, pp. 77 y ss.

[115] Procida Mirabelli di Lauro, Antonino, *Il danno ingiusto (dall'ermeneutica «bipolare» alla teoria generale e «monocentrica» della responsabilità civile). Parte I.- Ingiustizia, patrimonialità e risarcibilità del danno nel «law in action»*, en: Rivista Critica del Diritto Privato, año XXI, n. 01, Jovene editore, Nápoles, marzo del 2003, p. 35.

bién este último constituye una hipótesis de daño no patrimonial, reparado más allá de los límites del artículo 2059. Por ende, no sería válida la posición que sobre dimensiona lo prescrito por el artículo 2059 para negar legitimidad a la noción de daño existencial. La validez del daño biológico demostraría que el supuesto obstáculo que representa esta norma no es insuperable; y c) finalmente, se presenta el problema de la previsibilidad del daño existencial[116], a los fines de su imputación al autor del daño a título de culpa.

En Italia, una posición doctrinal considera esta voz de daño como una «*fábula*» de una felicidad pérdida[117], que consagra el derecho constitucional de Estados Unidos, pero que no está reconocido por las normas italianas[118]. Pero un ataque más sistemático ha sido esgrimido por la Escuela pisana, que reconoce en Francesco Donato Busnelli a su máximo representante, junto a su discípulo, el profesor Giulio Ponzanelli de la Universidad Católica del Sagrado Corazón de Milán y el discípulo de este último, Giovanni Comandè, profesor de la Escuela Superior de Estudios Universitarios y Perfeccionamiento de Pisa.

Para la Escuela pisana, las críticas contra el daño existencial pueden, en síntesis, ser las siguientes:

---

[116] Feola, Maria y Procida Mirabelli di Lauro, Antonino, *Il danno ingiusto non patrimoniale*, en: Rivista Critica del Diritto Privato, año XXV, n. 03, Jovene editore, Nápoles, septiembre del 2007, pp. 435 y ss.

[117] Gazzoni, Francesco, *Alla ricerca della felicità perduta (Psicofavola fantagiuridica sullo psicodanno esistenziale)*, en: Rivista di diritto commerciale, I, Piccin, Padua, 2000, pp. 675 y ss.

[118] Contra esta posición, se ha rebatido que: «entre las críticas al daño existencial, además, se ha presentado la que concierne a la indeterminación que presentaría esta figura: por ende, considerarlo el baluarte de la salvaguardia de una abstracta, en cuanto genérica, aspiración a la felicidad…En realidad, mediante la reparación del daño existencial no se trata de atribuir relieve resarcitorio a cualquier capricho de la víctima: la protección aquiliana es, en efecto, activada frente a las consecuencias dañosas de carácter existencial derivadas de comportamientos calificados como ilícitos. No toda repercusión negativa de orden existencial representa, en cuanto tal, un perjuicio por resarcir; a este fin, es indispensable que en el origen de la misma exista la lesión de un interés tutelado del ordenamiento, susceptible de prevalecer en el interés del autor del daño, en el balance mediante el cual se resuelve el juicio de injusticia. Solamente donde la víctima sea titular de una situación subjetiva merecedora de tutela, cuya violación parece susceptible de reflejarse negativamente en la esfera de realización personal, será posible dar curso al resarcimiento»: Ziviz, Patrizia, *Equivoci da sfatare sul danno esistenziale*, en: Responsabilità civile e previdenza, año LXVI, fascículos 4-5, Giuffrè editore, Milán, 2001, pp. 818-819.

a) Con este perjuicio se busca reparar todo perjuicio, prescindiendo de un derecho o de un interés reconocido en el ordenamiento jurídico.

b) La categoría criticada es solo una meta categoría no homogénea y genérica.

c) La resarcibilidad del daño existencial representaría un costo insoportable para la colectividad, minando las bases el mismo sistema resarcitorio, para transformarlo en un sistema de seguridad social.

d) La configuración del daño existencial es el resultado final de un «*derecho ocioso*»,[119] tanto por parte de los estudiosos que de los jueces: tanto los unos y los otros utilizan los débiles argumentos retóricos, en vez de utilizar los concretos materiales normativos en el respeto de la coherencia sistemática.

e) El verdadero problema no es introducir otro polo reparatorio, sino racionalizar la regla de la bipolaridad del ordenamiento italiano, fundada en la distinción entre daño patrimonial (artículo 2043 del código civil) y daños no patrimoniales (artículo 2059 del código civil italiano).

f) La abolición del sistema bipolar conduciría a una hipertrofia del daño a la persona, donde precisamente ésta es actualmente objeto de crítica en Francia, donde el ordenamiento reconoce la única regla omnicomprensiva del artículo 1382 del código napoleónico.

Puede parecer una singular contradicción que las críticas más agresivas a la categoría del daño existencial provengan de la Escuela pisana, a la cual principalmente, como hemos visto líneas arriba, se debe la elaboración de la figura del daño a la salud, tan cercana a la que estamos tratando, es decir al daño existencial.

No obstante, esta postura es comprensible, especialmente en el perfil psicológico: los elementos de contigüidad entre daño existencial y el daño a la salud hacen temer a la escuela pisana una insidia para los límites mismos del daño biológico, esgrimidos por Busnelli y sus discípulos.

---

[119] Comandè, Giovanni, *Il danno esistenziale e il «diritto pigro»*, en: *Critica del danno esistenziale*, al cuidado de Giulio Ponzanelli, Cedam, Padua, 2003, p. 63.

Por su parte, el Prof. Ponzanelli postula que reconocer la reparación del daño existencial es privilegiar, de forma excesiva, la función de compensatoria de la responsabilidad civil. El riesgo de generar una *overcompensation*, con los problemas sociales y patologías que implica, es tan notorio que hace forzoso criticar dicho reconocimiento. Este jurista sostiene que las reglas de la responsabilidad civil tienden, sobre todo, a lograr un balance entre los intereses de dos polos en conflicto. Con la reparación de este perjuicio existencial se propiciaría un gran desequilibrio, debido al privilegio que se concedería a la función compensatoria en detrimento de la función de *deterrence*, vale decir contra la incidencia que las previsiones del ordenamiento jurídico tienen en el tipo de actividad (potencialmente generadoras de daños o no) que las personas deciden llevar a cabo[120].

La jurisprudencia italiana, en sus diversas instancias, que reconocen o rechazan la admisión del daño existencial es muy numerosa. No obstante, es necesario hacer una breve referencia a la situación de esta voz del daño a la persona, después de las sentencias 26972, 26973, 26974 y 26975 del 11 de noviembre del 2008 de las Secciones Civiles Unidas de la Corte de Casación italiana. Como ha indicado el Prof. Monateri[121], estas sentencias expresan diáfanamente el principio jurídico por el cual los perjuicios existenciales son reparables cuando se originen incluso fuera de los casos expresamente previstos por la ley, por la violación de un derecho constitucionalmente garantizado de la persona. Estos perjuicios no formarían parte de una categoría jurídica aparte, sino constituyen una categoría descriptiva, de esta manera son tratados expresamente y considerados por las Secciones Unidas, como una especie de voz de daño reparable, dentro de la categoría codicísta de los daños no patrimoniales, incluso resarcibles fuera de los casos de delito. La orientación argumentativa de la sentencia es necesariamente «*revalorativa*» del estado del debate, sin exceder en un inútil historicismo, aunque intenta vincularse con el pasado, presenta un carácter reconstructivo, pero en la parte final manifiesta un carácter propiamente constructivo[122].

En el curso de las sentencias, se reafirma que para la prueba de

---

[120] Ponzanelli, Giulio, *Il danno esistenziale prima dell'intervento della Corte di Cassazione del 2003*, en: Il risarcimento integrale senza il danno esistenziale, p. 16 y ss.

[121] Monateri, Pier Giuseppe, *El perjuicio existencial como voz del daño no patrimonial*, en: *La responsabilidad civil*, volumen III, Biblioteca «Observatorio de Derecho civil», Motivensa editora jurídica, Lima, 2010, p. 177.

[122] Franzoni, Massimo, *Los derechos de la personalidad, el daño existencial y la función de la responsabilidad civil*, p. 115.

estos perjuicios, encuentra amplio espacio el recurso a las presunciones, contando con que el código civil italiano, a menudo, no establece una jerarquía entre las fuentes de prueba y no discrimina la prueba presuntiva en detrimento de las otras.

Sobre el daño existencial, las Secciones Unidas ha proclamado que «en los últimos años se han formado en el tema de los daños no patrimoniales dos contrapuestas orientaciones en la jurisprudencia, una favorable a la configurabilidad, como categoría autónoma, del daño existencial - comprendida, según una tesis doctrinal que ha tenido apoyo en la jurisprudencia, como perjuicio no patrimonial, diverso del daño biológico, en ausencia de la lesión de la integridad psico-física, y del denominado daño moral subjetivo, en cuanto no atañe a la esfera interior del sentir, sino a la más económica del sujeto - por el contrario».

Por ende, como sostiene el profesor Salvatore Patti, se trata de un aspecto de relevancia principal para la valoración de las sentencias, por cuanto el contraste denunciado no concierne a la reparación del daño existencial, sino simplemente a su «configurabilidad, como autónoma categoría» dentro de la categoría del denominado daño no patrimonial[123].

Con las sentencias del 2008, el intento de la Corte de Casación ha sido repensar radicalmente la categoría normativa del denominado «daño no patrimonial»[124]. Puede resaltarse un cierto paralelismo con lo que había sucedido con el daño a la salud, en la fase en la cual éste había asumido la función de resumir en sí figuras que en el pasado había gozado de autonomía: el daño por incapacidad genérica de trabajo, el daño estético, el daño a la vida de relación. Este paralelismo no ha sido explicitado en la Corte italiana, pero puede mantenerse la idea de lo que las Secciones Unidas de la Corte de Casación han deseado indicar con la expresión «daño no patrimonial»[125]. Entonces, una vez afirmado que el daño no patrimonial es único, se concluye que es unitario y debe serlo también su función,

[123] Patti, Salvatore, *Las Secciones Unidas y la parábola del daño existencial*, en: *La responsabilidad civil*, volumen III, Biblioteca «Observatorio de derecho civil», Motivensa editora jurídica, Lima, 2010, p. 186.

[124] Ziviz, Patrizia y Bilotta, Francesco, *Il nuovo danno esistenziale. Dalla Cassazione del 2003 alle Sezioni Unite del 2008*, Zanichelli editore, Bolonia, 2009, pp. 68 y ss.

[125] Procida Mirabelli di Lauro, Antonino, *Le Sezioni Unite e il danno non patrimoniale: luci ed ombre*, en: Diritto e giurisprudenza. Rassegna di dottrina e di giurisprudenza civile, año CXXIII, n. 04, serie III, Jovene editore, Nápoles, 2008, p. 540.

por eso, que no suele interrogarse sobre la capacidad compensativa, satisfactoria o punitiva de las singulares figuras: daño biológico, moral y existencial.

La definición de perjuicio existencial acogida por las Secciones Unidas, como nos indica el Prof. Monateri[126], es la que se refiere al daño causado a la esfera no económica del sujeto, que altera sus costumbres de vida, sus relaciones que le eran propias, induciéndolo a elecciones de vida diferentes respecto a la realización de su personalidad en el mundo externo. Esta definición, que se alinea con la naturaleza objetiva del daño existencial, a diferencia de los perjuicios de naturaleza simplemente emotiva e interior, también es de máxima relevancia, ya que acoge la definición que fue esbozada respecto a este problema en un célebre, y muy conocido, ensayo de Patrizia Ziviz[127], que hemos tratado en páginas precedentes.

En consecuencia, si bien las Secciones Unidas de la Corte consideran que esta definición no da lugar a una autónoma categoría de daño, así como también consideran que la noción de daño biológico y de daño moral responden a simples exigencias descriptivas y no implican el reconocimiento de diversas categorías de daño, pero ello no aparta que estas puedan ser amparadas, por lo que pueden ser reconocidos, por comodidad de síntesis, los daños que atañen a la dignidad de la persona y que son resarcibles en virtud de los artículos 1, 2, 4 y 35 de la Constitución italiana. De tal modo, los perjuicios existenciales regresan a ser considerados dentro de la categoría general de daños y perjuicios que normalmente resultan de la lesión y que, por ello, se pueden presumir, salvo prueba en contrario.

No obstante, la lectura de la Escuela pisana sobre estas cuatro sentencias presenta algunos puntos divergentes. Para los juristas pisanos, las Secciones Unidas han respondido negativamente a las exigencias de autonomía de la categoría del daño existencial[128]. Han propugnado la bipolaridad del sistema de la responsabilidad civil y la tipicidad del artículo 2059 del código civil, los perjuicios inherentes a la esfera existencial de la persona no son reconducibles a una autónoma categoría de daño. Sobre la base de esta perspectiva del

126 Monateri, Pier Giuseppe, *El perjuicio existencial como voz del daño no patrimonial*, p. 179.

127 Ziviz, Patrizia, *Alla scoperta del danno esistenziale*, en: Contratto e Impresa, año X, núm. 2, Cedam, Padua, 1994, pp. 845 y ss

128 Comandè, Giovanni, *La verità, vi prego, sul danno esistenziale*, en: *Guida al Diritto*, n. 47, 2008.

citado artículo 2059, la fuente de la obligación, ya sea de naturaleza extracontractual como contractual, no tiene importancia para los fines de la reparación del daño no patrimonial, en cuanto este último es liquidable siempre y solamente en las hipótesis previstas y en caso de lesión de derechos inviolables inherentes a la persona.

Para la Escuela pisana, las razones de las sentencias son esencialmente dos: a) defecto del requisito de injusticia del daño constitucionalmente calificada; b) falta de consistencia de la ofensividad del daño, por la cual pueda establecerse que la lesión del derecho haya ocasionado un perjuicio serio.

Como corolario de ello, indican los pisanos, en cuanto a la contención de los perjuicios reparables, resulta enriquecida por eliminar la duplicación resarcitoria que frecuentemente se configura en la liquidación del daño a la persona, que no se presentarán más.

Los cambios jurisprudenciales, como señala el Prof. Emanuele Lucchini Guastalla[129] de la Universidad Bocconi de Milán, en materia de daño a la persona, han conducido a una amplia lectura del artículo 2059. El planteamiento de reparar todas las consecuencias del ilícito de carácter no traducible en lo económico, debe ser resarcido en aplicación del artículo 2059 y no del artículo 2043 del código civil italiano, con lo que se continúa con la evolución de los últimos cuarenta años. En efecto, el daño biológico y la lesión de todo bien o interés de importancia constitucional, comprobado el ilícito civil (artículo 2043), será resarcido en aplicación del artículo 2059 interpretado a la luz de los principios constitucionales.

Por último, los profesores Guido Alpa y Giorgio Resta en su libro *I diritti della personalità*[130], quizás la mejor obra jurídica escrita en los últimos tiempos en Italia sobre los derechos de la persona, reportan la importancia de la sentencia número 7513 del 27 de marzo de 2018, emitida por la Tercera Sección Civil de la Corte de Casación italiana, sobre la reparación del daño a la persona. Así se pueden establecer los siguientes criterios:

a) El ordenamiento italiano prevé y regula solamente dos categorías de daños: el patrimonial y el no patrimonial.

---

[129] Lucchini Guastalla, Emanuele, *Il contratto e il fatto illecito. Corso di diritto civile*, segunda edición, ampliada y actualizada, Giuffrè editore, Milán, 2016, p. 515.

[130] Alpa, Guido y Resta, Giorgio, *Le persone fisiche e i diritti della personalità*, segunda edición, Utet Giuridica, Vicenza, 2019, p. 601 y ss.

b) El daño no patrimonial (como el patrimonial) constituye una categoría jurídica unitaria.

c) Con la expresión «*categoría unitaria*» significa que cualquier perjuicio no patrimonial será objeto de la mismas reglas y criterios resarcitorios (artículos 1223, 1226, 2056 y 2059 del código civil italiano de 1942).

d) En la liquidación del daño no patrimonial a la persona el juez debe, de un lado, examinar todas las consecuencias dañosas del ilícito y, por el otro, evitar atribuir nombres diversos a los perjuicios idénticos.

e) En sede de instrucción, el juez debe proceder a una profunda comprobación, en concreto y no en el plano abstracto, sobre la efectiva subsistencia de los perjuicios afirmados (o negados) por las partes.

f) Frente a un daño permanente a la salud, constituye duplicación resarcitoria la atribución de un monto de dinero respecto al daño biológico, y la atribución de una suma por el resarcimiento de los perjuicios que se relacionan a un grado porcentual de invalidez permanente.

g) Ante un daño permanente a la salud, la medida estándar del resarcimiento prevista por la ley o por el criterio equitativo uniforme adoptado por los órganos judiciales de mérito puede ser aumentada solamente ante la presencia de consecuencias dañosas consideradas normales e indefectibles, según el *id quod plerumque accidit* (o los que la persona con la misma invalidez no podría dejar de sufrir o ser afectado), no justifican personalización para aumentar el resarcimiento.

h) En presencia de un daño a la salud, no constituye duplicación resarcitoria, la atribución de un monto de dinero a título de resarcimiento del daño biológico, y una suma posterior a título de reparación de los perjuicios que tienen fundamento médico-legal, debido a que tienen base orgánica y siendo extraños a la determinación médico-legal respecto al nivel perceptual de invalidez permanente, representados por el sufrimiento interior (como vergüenza, miedo, desesperación, etc.).

i) Cuando sea correctamente probada la existencia de uno de estos perjuicios que no tienen fundamento médico-legal, deben ser parte de separada valoración y liquidación.

j) El daño no patrimonial a la persona que no derive de una lesión de la salud, pero que es consecuencia de la lesión de otros intereses constitucionalmente tutelados, es liquidado, teniendo en cuenta tanto los daños sufridos por la víctima como los concernientes a la dimensión dinámico-relacional de la vida del sujeto lesionado.

CONCLUSIÓN: EL MODELO ITALIANO DEL «DAÑO A LA PERSONA»

El daño a la persona es un producto de la nueva concepción del ser humano, que ha originado, de la misma forma, una nueva visión de la juridicidad[131]. Como ha resaltado el maestro pisano Francesco Donato Busnelli: «*es realmente singular la coyuntura histórica del daño a la persona, tratándose de una figura de daño ignorada por los códigos tradicionales proclives a des-vincularse de una definición del daño cuando formulan la regla general de la responsabilidad civil por acto ilícito* (...). *Recientemente se ha impuesto a la atención de los jueces y de fines de explorar los confines de la «nueva» responsabilidad civil, exponiéndola finalmente a la influencia de los principios constitucionales pero, al mismo tiempo, introduciendo preocupantes interrogantes relativas a la «cabida» del sistema diseñado, en estos términos, por los códigos*»[132].

Como se puede apreciar, el juicio de Busnelli resalta la centralidad de la persona en la denominada responsabilidad civil o derecho de daños, y, en manera general, en la moderna ciencia jurídica. Es una consecuencia de la «*humanización del Derecho*»[133].

El daño a la persona es el centro de la nueva responsabilidad civil y lo son, por ende, todas sus modalidades.

Como hemos apreciado en las páginas precedentes, en la doctrina y la jurisprudencia italianas, el concepto de «daño a la perso-

---

[131] Fernández Sessarego, Carlos, *Deslinde conceptual entre «daño a la persona», «daño al proyecto de vida» y «daño moral»*, en: Studi in onore di Cesare Massimo Bianca, tomo IV, Giuffrè editore, Milán, 2006, p. 708.

[132] Busnelli, Francesco Donato, *El daño a la persona*, en: *Persona, libertad y Derecho. Nuevas perspectivas. Escritos en Homenaje al Profesor Carlos Fernández Sessarego*, coordinado por Carlos Alberto Calderón Puertas, María Elisa Zapata Jaén y Carlos Agurto Gonzáles, Motivensa editora jurídica, Lima, 2009, p. 343.

[133] Fernández Sessarego, Carlos, *Los 25 años del Código Civil peruano de* 1984, Motivensa editora jurídica, Lima, 2009, p. 463.

na» empieza a tener valiosos desarrollos a partir de la segunda mitad del siglo XX[134]. Con la noción de «daño a la persona» se comprenden todos aquellos que inciden o lesionan la estructura psicosomática del ser humano. Estos daños se denominan, indistintamente, ya sea como «daños a la salud» o «daños biológicos» (escuela pisana y genovesa), según las restricciones del ordenamiento jurídico italiano, que se remonta a los años cuarenta del siglo XX, así como lo dispuesto por la Corte Constitucional de Italia mediante sentencia número 184 del año 1986.

A inicios de la década de los noventas del siglo XX surgió una tercera categoría de daños bajo la nomenclatura de «daño existencial», creación de la Escuela de Trieste. Su propósito, como hemos apreciado, fue incorporar dentro de esta categoría de daños todos aquellos daños a la persona que no siendo daños «biológicos» o «morales», originan consecuencias no patrimoniales[135]. Sin embargo, en contraste con la restrictiva disposición del artículo 2059 del código civil de Italia, el numeral 2043 de este cuerpo normativo prescribe, genéricamente, que quien comete un daño injusto, por dolo o culpa, está obligado a repararlo. Este contraste dio origen a todo un largo período de incertidumbres tanto en la doctrina como en la jurisprudencia peninsular.

No obstante, la propuesta doctrinaria antes referida, dos tribunales italianos acudieron a la Corte Constitucional de su país para que se declarase la inconstitucionalidad del artículo 2059, debido a que colisionaba con lo dispuesto en el artículo 32° de la constitución de Italia que protege la salud, comprendida ésta en su amplio sentido de bienestar personal. La Corte Constitucional, con sentencia número 184 de 1986, en vez de declarar, como hubiera sido lo adecuado, la inconstitucionalidad del mencionado artículo 2059 del código civil peninsular, dispuso que el «daño a la persona» de carácter psicosomático, bajo la expresión de «daño biológico,» debía repararse según lo dispuesto en el referido artículo constitucional. Asimismo, dispuso que cuando el artículo 2059 se refería al «daño no patrimonial» debía comprenderse que solo aludía

---

[134] Comandè, Giovanni, *Economia, sviluppo culturale e danno alla persona*, en: *Risarcimento del danno alla persona e alternative istituzionali. Studio di diritto* comparato, G.Giappichelli editore, Turín, 1999, p. 03 y ss.

[135] Fernández Sessarego, Carlos, *Deslinde conceptual entre «daño a la persona», «daño al proyecto de vida» y «daño moral»*, en: Studi in onore di Cesare Massimo Bianca, tomo IV, Giuffrè editore, Milán, 2006, pp. 756 y ss.

al tradicional daño «moral», como dolor o sufrimiento con exclusión, por ende, de cualquier otro daño a la persona de consecuencias no patrimoniales.

Después de 22 años, con las sentencias 26972, 26973, 26974 y 26975 del 11 de noviembre del 2008 de las Secciones Civiles Unidas de la Casación italiana se ha establecido el principio jurídico por el cual los perjuicios existenciales son reparables cuando se originen incluso fuera de los casos expresamente previstos por la ley, de la violación de un derecho constitucionalmente garantizado del sujeto de derecho.

Es necesario destacar, al concluir este recorrido, que la doctrina y jurisprudencia italianas han tenido que transitar un camino fatigoso para llegar al reconocimiento pleno del «daño a la persona», el cual se ha consolidado y se reconoce su reparación. Si bien algunas especies del mismo son aún materia de debate en el derecho peninsular, la categoría general del daño a la persona no se discute ni contesta. Esto es producto de una evolución experimentada a través de más de cuatro décadas, la que atiende a concretarse y extenderse mediante la elaboración de baremos o tablas de infortunios.

Es un gran avance del derecho italiano sensibilizar a los hombres del Derecho en torno a la gravitación jurídica del «daño a la persona» y todas sus modalidades, así como sobre la exigencia de su apropiada reparación, pues, recordando una hermosa reflexión de la jurista italiana Patrizia Ziviz, esto es producto de «*un cambio radical de perspectiva, que obliga a profundas reflexiones, respecto al rol de juez o, más en general, del jurista: ayer ocupado en leyes y expedientes, hoy compelido a preguntarse, en primer lugar, que es el hombre*»[136].

[136] Ziviz, Patrizia, *Alla scoperta del danno esistenziale*, cit., p. 869.

BIBLIOGRAFÍA

- Alpa, Guido (al cuidado de), *La responsabilità civile. Parte Generale*, Nuova Giurisprudenza di Diritto Civile e Commerciale. Colección fundada por Walter Bigiavi y dirigida por G. Alpa, U. Breccia, G. Bonilini, F. Carinci, M.Confortini, A. Iannarelli, M. Sesta, G. Cottino, O.Cagnasso, Utet Giuridica, Turín, 2010.

- Alpa, Guido y Resta, Giorgio, *Le persone fisiche e i diritti della personalità*, segunda edición, Utet Giuridica, Vicenza, 2019.

- Alpa, Guido y Bessone, Mario, *I fatti illeciti e la responsabilità civile*, en: Tratatto di diritto privato, dirigido por Pietro Rescigno, volumen XIV, Utet, Turín, 1982.

- Alpa, Guido, *Che cos'è il diritto privato?*, segunda edición, editori Laterza, Roma-Bari, 2009.

- Alpa, Guido, *Il danno biologico*, segunda edición, Cedam, Padua, 1993.

- Alpa, Guido, *Manuale di diritto privato*, sexta edición, Cedam, Padua, 2009.

- Alpa, Guido, *Nuovi aspetti della responsabilità civile*, en: Seminari di aggiornamento professionale (2005). I. Lex mercatoria: un dialogo con Francesco Galgano (12 ottobre 2005). II. I nuovi confini del diritto privato europeo (15 ottobre 2005). III. Il diritto italiano e il diritto latino-americano. Materiali degli incontri di Buenos Aires e Rosario (9 marzo 2006), al cuidado de Guido Alpa, Consiglio Nazionale Forense, Giuffrè editore, Milán, 2006.

- Bianca, Cesare Massimo, *Diritto civile*, tomo V: *La responsabilità*, segunda edición, reimpresión, Giuffrè editore, Milán, 2018.

- Bilotta, Francesco, *Il danno esistenziale: l'isola che non c'era*, en: Danno e responsabilità, n.4, Ipsoa, Milán, 2001.

- Bilotta, Francesco, *Il prisma del danno non patrimoniale*, en: Responsabilità civile e previdenza, año LXX, fascículos 4 y 5, Giuffrè editore, Milán, 2005.

- Bonasi Benucci, Edoardo, *La responsabilità civile*, Milán, 1955.

- Burgos, Osvaldo R., *Será ficción. De Hamlet, Nietzsche y la (in) justicia del ser representado. El Derecho en la sociedad desestructurada*, Estudios de pensamiento jurídico occidental, Rosario, 2008.

- Busnelli, Francesco Donato, *El daño a la persona*, en: *Persona, libertad y Derecho. Nuevas perspectivas. Escritos en Homenaje al Profesor Carlos Fernández Sessarego*, coordinado por Carlos Alberto Calderón Puertas, María Elisa Zapata Jaén y Carlos Agurto Gonzáles, Motivensa editora jurídica, Lima, 2009

- Busnelli, Francesco Donato, *Il danno biologico. Dal «diritto vivente» al «diritto vigente»*, G.Giappichelli editore, Turín, 2001.

- Busnelli, Francesco Donato, *Il danno risarcibile: problemi e prospettive*, en: Nuovi orientamenti e nuovi criteri per la determinazione del danno (danno biologico, danno morale, danno alla vita di relazione), Trevi, 30 giugno-1 luglio 1989, Quaderni del Consiglio Superiore della Magistratura, n. 41, 1990.

- Busnelli, Francesco Donato, *Interessi della persona e risarcimento del danno*, en: Rivista Trimestrale di diritto e procedura civile, Giuffrè editore, fascículo I, año L, Milán, 1996.

- Bussani, Mauro, *Il diritto dell'Occidente. Geopolitica delle regole globali*, Einaudi, Turín, 2010. Existe traducción en español: Bussani, Mauro, *El derecho de occidente. Geopolítica de las reglas globales*, traducción de María Elena Sánchez Jordán, Marcial Pons, Madrid, 2018.

- Carbonnier, Jean, *La philosophie du dommage corporel*, en: *Droit et passion du droit sous la V*e *République*, Flammarion, París, 2010.

- Castronovo, Carlo, *La nuova responsabilità civile*, tercera edición, Giuffrè editore, Milán, 2006.

- Cazzetta, Giovanni, *Responsabilità aquiliana e frammentazione del diritto comune civilistico (1865-1914)*, Dipartimento di Teoria e Storia del Diritto dell'Università degli Studi di Firenze, Florencia, 1990.

- Cazzetta, Giovanni, *Responsabilità aquiliana e frammentazione del diritto comune civilistico (1865-1914)*, Per la Storia del pensiero giuridico moderno, volumen 40, Facultad de Derecho de la Universidad de Florencia - Centro di Studio per la Storia del Pensiero Giuridico Moderno, Giuffrè editore, Milán, 1991.

- Cendon, Paolo, *L'itinerario del danno esistenziale*, en: Giurisprudenza Italiana, n. 4, Utet, Turín, abril del 2009.

- Cendon, Paolo, *Non di sola salute vive l'uomo*, en: *Il danno esistenziale. Una nuova categoria della responsabilità civile*, al cuidado de Paolo Cendon y Patrizia Ziviz, Giuffrè editore, Milán, 2000.

- Comandè, Giovanni, *Economia, sviluppo culturale e danno alla persona*, en: *Risarcimento del danno alla persona e alternative istituzionali. Studio di diritto* comparato, G.Giappichelli editore, Turín, 1999.

- Comandè, Giovanni, *Il danno esistenziale e il «diritto pigro»*, en: *Critica del danno esistenziale*, al cuidado de Giulio Ponzanelli, Cedam, Padua, 2003.

- Comandè, Giovanni, *La verità, vi prego, sul danno esistenziale*, en: *Guida al Diritto*, n. 47, 2008.

- De Cupis, Adriano, *Il valore economico della persona umana*, en: Rivista Trimestrale di diritto e procedura civile, 1956.

- Feola, Maria y Procida Mirabelli di Lauro, Antonino, *Il danno ingiusto non patrimoniale*, en: Rivista Critica del Diritto Privato, año XXV, n. 03, Jovene editore, Nápoles, septiembre del 2007.

- Fernández Sessarego, Carlos y Woolcott Oyague, Olenka, *Derecho médico. De las nociones fundamentales y la responsabilidad médica*, Tomo I, Instituto Pacífico, Lima, 2018.

- Fernández Sessarego, Carlos, *Aspectos jurídicos del «consentimiento informado» del paciente en la responsabilidad médica. Con especial referencia a la jurisprudencia comparada*, en: Negocio jurídico y responsabilidad civil. Estudios en memoria del profesor Lizardo Taboada Córdova, Grijley, Lima, 2004.

- Fernández Sessarego, Carlos, *Derecho y persona*, quinta edición actualizada y ampliada, Astrea, Buenos Aires, 2015.

- Fernández Sessarego, Carlos, *Deslinde conceptual entre «daño a la persona», «daño al proyecto de vida» y «daño moral»*, en: Studi in onore di Cesare Massimo Bianca, tomo IV, Giuffrè editore, Milán, 2006.

- Fernández Sessarego, Carlos, *El Derecho como libertad. La Teoría Tridimensional del Derecho*, cuarta edición, Motivensa Editora Jurídica, Lima, 2017.

- Fernández Sessarego, Carlos, *Il risarcimento del «danno al progetto di vita»*, en: La responsabilità civile, n. 11, Utet Giuridica, Turín, noviembre del 2009.

- Fernández Sessarego, Carlos, *La responsabilidad civil del médico y el consentimiento informado*, Motivensa editora jurídica, Lima, 2011.

- Fernández Sessarego, Carlos, *Los 25 años del Código Civil peruano de* 1984, Motivensa editora jurídica, Lima, 2009.

- Fernández Sessarego, Carlos, *Un nuovo modo di fare Diritto*, en: AA.VV., *Il diritto dei nuovo mondi*, Atti del Convegno promosso dall'Istituto di Diritto Privato delle Facoltà di Giurisprudenza, Génova 5-7 novembre 1992, Cedam, Padua, 1994.

- Franzoni, Massimo, *Danno biologico e danno alla salute negli studi recenti*, en: Contratto e impresa, n. 03, año III, Cedam, Padua, 1988.

- Franzoni, Massimo, *Danno morale*, en: Contratto e impresa, n. 01, año VI, Cedam, Padua, 1990.

- Franzoni, Massimo, *Il danno alla persona*, Giuffrè editore, Milán, 1995.

- Franzoni, Massimo, *Il danno risarcibile*, en: Trattato della responsabilità civile, dirigido por M. Franzoni, segunda edición, Giuffrè editore, Milán, 2010.

- Franzoni, Massimo, *Il nuovo corso del danno non patrimoniale*, en: Contratto e impresa, n. 03, año XVIII, Cedam, Padua, 2003.

- Franzoni, Massimo, *Los derechos de la personalidad, el daño existencial y la función de la responsabilidad civil*, en: *La persona*, volumen IV, Biblioteca «Observatorio de Derecho Civil», Motivensa editora jurídica, Lima, 2010.

- Galgano, Francesco, *Danno non patrimoniale e diritti dell'uomo*, en: Contratto e impresa, n. 04-05, año XXV, Cedam, Padua, 2009.

- Galgano, Francesco, *Istituzioni di diritto privato*, segunda edición, Cedam, Padua, 2002.

- Galgano, Francesco, *Le mobili frontiere del danno ingiusto*, en: Contratto e impresa, n. 01, año I, Cedam, Padua, 1985.

- Galgano, Francesco, *Le mobili frontiere del danno ingiusto*, en: Contratto e impresa, n. 01, año I, Cedam, Padua, 1985.

- Gallo, Paolo, *Il danno alla persona*, en: *Introduzione al diritto comparato*, volume secondo: Istituto Giuridici, tercera edición, G. Giappichelli editore, Turín, 2018.

- Gallo, Paolo, *L'arricchimento senza causa, la responsabilità civile*, en: *Trattato di diritto civile*, VII, G. Giappichelli editore, Turín, 2018.

- Gazzoni, Francesco, *Alla ricerca della felicità perduta (Psicofavola fantagiuridica sullo psicodanno esistenziale)*, en: Rivista di diritto commerciale, I, Piccin, Padua, 2000.

- Gentile, Guido, voz *Danno alla persona*, en: Enciclopedia del Diritto, volumen XI, Giuffrè editore, Milán, 1962.

- Gerin, Cesare, *La valutazione medico-legale del danno alla persona in responsabilità civile*, en: Rivista degli infortuni e delle malatti e professional, I.N.A.I.L, Roma, 1953.

- Gioia, Melchiorre, *Dell'ingiuria dei danni del soddisfacimento, e relative basi di stima avanti i Tribunali civili* (1821), precedido por un elogio histórico del autor de G.D. Romagnosi, Lugano, Ruggia y C., 1833.

- Grossi, Paolo, *El novecientos jurídico: un siglo posmoderno*, Marcial Pons, Madrid, 2011.

- Grossi, Paolo, *Europa y el Derecho*, traducción castellana de Luigi Giuliani, Crítica, Barcelona, 2008.

- Grossi, Paolo, *L'ordine giuridico medievale*, tercera edición, Editori Laterza, Roma-Bari, 2007.

- Grossi, Paolo, *Prima lezione del diritto*, décimo quinta edición, Editori Laterza, Roma-Bari, 2010.

- Lucchini Guastalla, Emanuele, *Il contratto e il fatto illecito. Corso di diritto civile*, segunda edición, ampliada y actualizada, Giuffrè editore, Milán, 2016.

- Marini, Giovanni, *Gli anni settanta della responsabilità civile. Uno studio sulla relazione pubblico/privato (parte I-II)*, en: Rivista critica di diritto privato, volumen 26, fascículos 1 y 2, Jovene editore, Nápoles, 2008.

- Mattei, Ugo, *Beni comuni. Un manifesto*, quinta edición, Editori Laterza, 2011.

- Monateri, Pier Giuseppe y Bellero, Augusto, *Il quantum nel danno alla persona*, primera edición, Giuffrè editore, Milán, 1984.

- Monateri, Pier Giuseppe, *«Alla soglie»: la prima vittoria in cassazione del danno esistenziale*, en: Danno e responsabilità, n.8-9, Ipsoa, Milán, 2000.

- Monateri, Pier Giuseppe, *Critique et différence: le droit comparé en Italie*, en: Revue internationale de droit comparé, volumen 51, n°4, *Société de Législation Comparée*, París, octubre-diciembre de 1999.

- Monateri, Pier Giuseppe, *Dominus Mundi. Political Sublime and the World Order*, Hart publishing, Oxford, 2018.

- Monateri, Pier Giuseppe, *El perjuicio existencial como voz del daño no patrimonial*, en: *La responsabilidad civil*, volumen III, Biblioteca «Observatorio de Derecho Civil», Motivensa editora jurídica, Lima, 2010.

- Monateri, Pier Giuseppe, *Globalizzazione e diritto europeo dei contratti*, en: Giustizia sociale e mercato nel diritto europeo dei contratti, al cuidado de Alessandro Somma, G.Giappichelli editore, Turín, 2007.

- Monateri, Pier Giuseppe, *La responsabilità civile*, en: *Trattato di diritto civile*, dirigido por Rodolfo Sacco, Utet, Turín, 1998.

- Monateri, Pier Giuseppe, *Los límites de la interpretación jurídica y el derecho comparado*, Ediciones Olejnik, Argentina, 2016.

- Monateri, Pier Giuseppe, *Manuale della responsabilità civile*, Utet, Turín, 2001.

- Monateri, Pier Giuseppe, *Verso una teoria del danno esistenziale*, en: *Il danno esistenziale. Una nuova categoria della responsabilità civile*, al cuidado de Paolo Cendon y Patrizia Ziviz, Giuffrè editore, Milán, 2000.

• Monateri, Pier Giuseppe; Bona, Marco y Oliva, Umberto, *Danno biologico: cenni introduttivi*, en: Il nuovo danno alla persona. Strumenti attuali per un giusto risarcimento. Dalla riforma proposta dall'ISVAP all'adeguamento all'Europa, Giuffrè editore, Milán, 1999.

• Muir-Watt, Horatia, *La fonction subversive du droit comparè*, en: Revue internationale de droit comparé, volumen 52, n°3, *Société de Législation Comparée*, París, julio-septiembre del 2000.

• Papi, Luigi, *Lo stato anteriore e le macromenomazioni*, en: La valutazione delle macropermanenti. Profili pratici e di comparazione, al cuidado de Giovanni Comandé y Ranieri Domenici, Edizioni ETS, Pisa, 2005.

• Paradiso, Massimo, *Il danno alla persona*, Pubblicazioni della Facoltà di Giurisprudenza dell'Università di Catania, Giuffrè editore, Milán, 1981.

• Patti, Salvatore, *Diritto privato e codificazioni europee*, segunda edición, Giuffrè editore, Milán, 2007.

• Patti, Salvatore, *Las Secciones Unidas y la parábola del daño existencial*, en: *La responsabilidad civil*, volumen III, Biblioteca «Observatorio de Derecho Civil», Motivensa editora jurídica, Lima, 2010.

• Patti, Salvatore, *Le sezioni unite e la parabola del danno esistenziale*, en: Il Corriere Giuridico, n. 03, Ipsoa, Milán, 2009.

• Ponzanelli, Giulio, *Il commento* a la ordenanza del Juez de Paz de Turín del 30 de noviembre de 2009, en: Danno e responsabilità, n. 04, Ipsoa, Milán, 2012.

• Ponzanelli, Giulio, *La responsabilità civile. Profili di diritto comparato*, Il Mulino, Bolonia, 1992.

• Procida Mirabelli di Lauro, Antonino y Feola, Maria, *La responsabilità civile. Contratto e torto*, G.Giappichelli editore, Turín, 2014.

• Procida Mirabelli di Lauro, Antonino, *Il danno ingiusto (dall'ermeneutica «bipolare» alla teoría generale e «monocentrica» della responsabilità civile). Parte I.- Ingiustizia, patrimonialità e risarcibilità del danno nel «law in action»*, en: Rivista Critica del Diritto Privato, año XXI, n. 01, Jovene editore, Nápoles, marzo del 2003.

- Procida Mirabelli di Lauro, Antonino, *La riparazione dei danni alla persona*, pubblicazioni della Scuola di Specializzazione in Diritto Civile dell'Università di Camerino, al cuidado de Pietro Perlingieri, n. 69, Edizioni Scientifiche Italiane, Nápoles, 1992.

- Procida Mirabelli di Lauro, Antonino, *Le Sezioni Unite e il danno non patrimoniale: luci ed ombre*, en: Diritto e giurisprudenza. Rassegna di dottrina e di giurisprudenza civile, año CXXIII, n. 04, serie III, Jovene editore, Nápoles, 2008.

- Procida Mirabelli di Lauro, Antonino, *Le trasfigurazioni del sistema di responsabilità civile nella giurisprudenza costituzionale*, en: La responsabilità civile nella giurisprudenza costituzionale, al cuidado de Mauro Bussani, Edizioni Scientifiche Italiane, Nápoles, 2006.

- Roitman, Horacio, *Francesco Galgano. Su obra jurídica*, La Ley, año LXIX, nº 185, Buenos Aires, jueves 22 de setiembre de 2005.

- Rossetti, Marco, *L'inutilità del danno esistenziale*, en: Il risarcimento integrale senza il danno esistenziale, al cuidado de Giulio Ponzanelli, Cedam, Padua, 2007.

- Sacco, Rodolfo, *Comparatisti italiani, al lavoro!*, en: Rivista giuridica dell'Istituto Subalpino per l'analisi e l'insegnamento del diritto delle attività transnazionali (ISAIDAT), n. 01, año I, Turín, 2010.

- Visintini, Giovanna, *La circolazione delle giurisprudenze*, en: Contratto e impresa, n. 01, año XXVII, Cedam, Padua, 2011.

- Vittoria, Daniela, *Un «regolamento di confini» per il danno esistenziale*, en: Contratto e impresa, n. 03, año XVIII, Cedam, Padua, 2003.

- Ziviz, Patrizia y Bilotta, Francesco, *Danno esistenziale: forma e sostanza*, en: Responsabilità civile e previdenza, año LXIX, fascículo 6, Giuffrè editore, Milán, 2004.

- Ziviz, Patrizia y Bilotta, Francesco, *Il nuovo danno esistenziale. Dalla Cassazione del 2003 alle Sezioni Unite del 2008*, Zanichelli editore, Bolonia, 2009.

- Ziviz, Patrizia, *Alla scoperta del danno esistenziale*, en: Contratto e Impresa, año X, núm. 2, Cedam, Padua, 1994.

- Ziviz, Patrizia, *Equivoci da sfatare sul danno esistenziale*, en: Responsabilità civile e previdenza, año LXVI, fascículos 4-5, Giuffrè editore, Milán, 2001.

- Ziviz, Patrizia, *Il danno non patrimoniale*, en: Il diritto civile nella giurisprudenza, al cuidado de Paolo Cendon: La responsabilità civile, volumen VII, Utet, Turín, 1998.

- Ziviz, Patrizia, *L'evoluzione del sistema di risarcimento del danno*, en: Rivista critica del diritto privato, año XVII, n.01-02, Jovene editore, Nápoles, junio de 1999.

- Ziviz, Patrizia, *La valutazione del danno esistenziale*, en: Trattato breve dei nuovi danni. Il risarcimento del danno esistenziale: aspetti civili, penali, medico legali, processuali, al cuidado de Paolo Cendon, volumen III, Cedam, Padua, 2001.

- Ziviz, Patrizia, *Verso un altro paradigma risarcitorio*, en: *Il danno esistenziale: Una nuova categoria della responsabilità civile*, al cuidado de Paolo Cendon y Patrizia Ziviz, Giuffrè editore, Milán, 2000.

EL DAÑO A LA PERSONA EN LA EXPERIENCIA
JURÍDICA ITALIANA,
de CARLOS ANTONIO AGURTO GONZÁLES, se imprimió
en la República Argentina en mayo de 2020.

Made in the USA
Monee, IL
04 November 2026

67377021R00058